A Guide to Mixed Methods Research
A Treasure Hunt for Learning Research Design to Writing for Publication

昆合研究法の手引き

トレジャーハントで学ぶ
研究デザインから論文の書き方まで

マイク・D・フェターズ／抱井尚子　編

JN119604

遠見書房

　本書は，混合研究法を用いた経験的研究（以下，混合型研究）を実施する際と評価する際に重要となるキーポイントをわかりやすく解説する目的で書かれました。それぞれのキーポイントは宝探し^{トレジャーハント}の「宝^{トレジャー}」にたとえられ，すでに出版された混合型研究論文をお読みいただき，そこからゲーム感覚で宝（キーポイント）を読者に探していただくという形をとっています。

　混合型研究論文の宝探しというコンセプトは，2016 年 8 月に東邦大学看護学部で開催された第 2 回日本混合研究法学会のプレカンファレンスワークショップを実施するにあたり，講師であった第一編著者のマイク・フェターズによって考案されました。当時同学会の理事長を務めていた第二編著者の抱井が，大会のプレカンファレンスワークショップで混合型研究論文の評価方法をご教示いただきたいとリクエストしたところ，このようなユニークかつ楽しいエクササイズがフェターズによって考案されました。いうまでもなく，当日のワークショップは大変盛り上がり，参加した方々には大変満足していただけたことが事後アンケートからもわかりました。その後，評価のポイントは，研究を実施する上で留意するポイントでもあるということに気づきました。そして，私たちは偶然生まれた混合型研究論文のこの宝探しゲームを，混合研究法を用いて研究を実施してみたいと考えている多くの研究者に届けるために，本書の執筆に取り組んだというわけです。

　混合研究法の日本語の書籍は，年々その数を増やしています。2015 年の日本混合研究法学会創立以降，特にそのペースが加速しました。2015 年には，本書第二編著者の抱井が日本人の研究者として日本語で上梓した『混合研究法入門―質と量による統合のアート』（医学書院）が出版され，立命館大学大阪いばらきキャンパスで開催された第 1 回国際混合研究法学会アジア地域会議（2015年）の基調講演，パネルディスカッション，ワークショップを収載した日本混合研究法学会編集の『混合研究法への誘い―質的・量的研究を統合する新しい実践研究アプローチ』（遠見書房）が 2016 年に出版されています。続いて 2017 年には John W. Creswell による *A Concise Introduction to Mixed MethodsResearch*（2014, SAGE）の訳本『早わかり混合研究法』（抱井尚子訳，ナカニシヤ出版）と，Abbas M. Tashakkori & Charles B. Teddlie による *Foundations of Mixed Methods Research: Integrating Quantitative and Qualitative Approaches in the Social and Behavioral Sciences*（2009, SAGE）の邦訳である『混合研究法の基礎：社会・行動科学の量的・質的アプローチの統合』（土屋敦・八田太一・藤田みさお共訳，西村書店）が出版されています。これらの書籍ならびに日本混合研究法学会が開催する年次大会，同学会が国際混合研究法学会と共同で隔年開催するアジア地域会議が提供するワークショップやセミナー，本書第一編著者のフェターズが 2012 年以来静岡県掛川市で定期的に開催してきた医療者向けのワークショップや第二編著者の抱井の本務校である青山学院大学にて不定期に開催してきた混合研究法セミナーといったさまざまな学びの機会を通して，混合研究法の基礎知識は日本においても広く浸透し始めているのではないかと推察します。

　そのような中で，混合型研究の具体的な実施方法について解説した日本語の書籍は管見の限りありませんでした。本書がその第一号となることは間違いないと思います。また，混合型研究のキーポイントをゲーム感覚で学べるという点も他には類を見ない本書の特徴であると言えます。この宝探しゲームを，インストラクターの方々に授業内のアクティビティとしてお使いいただくこともできますし，ワークショップなどでお使いいただくこともできます。本書を媒介に学習者の間に協調学習の場を構築することもできるでしょう。チームに分かれて競争するというのも，ワクワク感が

あって学習動機が高まりそうです。また，宝探しは対面授業のみならずオンライン授業にも利用可能です。

　本書の構成は次のとおりです。まず，第1章で宝探しのポイントを説明しています。ここでは，混合型研究を実施する上で，また混合型研究論文の査読をする上で，押さえなければならない10のキーポイント（宝^{トレジャー}）を解説しています。この章は，続く第2章から第9章の宝探しゲームのルールブックに相当するものですので，飛ばさずに必ず，そして注意深く読むようにしてください。第2章から第9章は，混合研究法のデザイン別にサンプルとなる研究事例を取り上げ，宝探しのポイントを解説しています。第2章から第4章までの3章は混合研究法の基本型デザインをカバーしています。第2章は収斂デザイン，第3章は説明的順次デザイン，そして第4章は探索的順次デザインを取り上げています。続く第5章から第9章までは混合研究法の応用型デザインを扱っています。第5章はコミュニティを基盤とした参加型研究（CBPR）デザイン[1]，第6章は介入研究デザイン，第7章は多段階評価研究デザイン，第8章は事例研究デザイン，そして第9章はさまざまな基本型デザインを複雑に組み合わせた複合デザインです。混合研究法デザインは研究の目的によってさまざまな形になり得ると思いますが，まずはこれらの7つのデザインを足がかりに，混合型研究の構造を理解していただければと思います。な

お，第1章をお読みいただいた後は関心のあるデザインの章に飛んでいただいても構いませんが，初学者の方は第1章から順を追って読み進めるとよいでしょう。

　本書は混合研究法初学者からある程度経験をおもちの方まで，幅広く役立てていただける内容になっております。初学者の方は，ご自分の混合型研究を計画する前に本書をお読みいただき，研究の中に含むべきポイントを確認していただきたいと思います。また，混合研究法経験者の方々には，本書を混合研究法の教育や論文査読の際にお役立ていただけたらと思います。

　最後に，本書の執筆にあたっては多くの方々のお力添えを頂きました。ミシガン大学図書館著作権局及び同局 Xu Yuanxiao（許远箫）氏には，著作権に関するさまざまなアドバイスをいただきました。遠見書房の駒形大介氏には本書の完成を辛抱強く見守っていただきました。この場をお借りして改めてお礼を申し上げます。最後に，常に私たち日本の研究者に寄り添い，その学びのプロセスに惜しみなく手を差し伸べてくださる John W. Creswell 先生に敬意と感謝を表したいと思います。

　著者一同を代表して

マイク・D・フェターズ

抱井尚子

1　Creswell（2015 抱井訳 2017）で「社会的公正デザイン」（social justice design）と呼ばれる応用型デザインの一例である。

目　次

混合研究法の手引き

トレジャーハントで学ぶ研究デザインから論文の書き方まで

トレジャーハント（宝探し）で学ぶ混合研究法

マイク・フェターズ

■ 1. 概　　要

　本章では，混合研究法の基礎概念やトレジャーハント（宝探し）のコンセプトを紹介し，混合型研究を評価する規準について解説します。読者には，まず指定の論文を読み，各規準を当てはめてみることをお勧めします。その後「混合研究法宝探しのエキスパート」（各章の著者）が解説する評価のステップをたどってみるとよいでしょう。

> ゴール：与えられた手がかりをもとに論文を読み込み，厳密な混合型研究を構成する要素（宝<ruby>トレジャー</ruby>）の証拠とありかを見つけ出す

■ 2. 宝探しの10のタスク

　混合研究法の宝探しを成功させるためには，まずは地図が重要になってきます。財宝を探すために海賊は実物の地図を持っているものですが，混合研究法の宝探しのためには，読者はまず混合型研究論文を読み，そこからの手がかりを使って「混合研究法のお宝」を探し出すことになります。言い換えれば，宝探しを成功させるには，手がかりをもとに混合型研究論文内を探せばよいということです。宝探しに必要な手がかりは表1.1に示されています。混合研究法のエキスパートである各章の著者も，読者と同じ論文を読み，宝探しをする形をとっているので，読者の皆さんが探し出したお宝とエキスパートの見つけたお宝を比べてみるとよいでしょう。

　それでは，混合型研究論文を評価する際に使う混合研究法の宝探しの手がかりについて解説していきましょう。

2.1. 混合研究法を用いた理由・根拠を見つける

　混合研究法を用いる研究者は，より多くの労力を要するにもかかわらず質的及び量的研究法両方を使うことの正当性や，そのプロセスを通していかに質的及び量的研究手続きを統合するかについて熟考する（「統合のダンス」を踊り続ける）ことの価値を明らかにしようとしてきました（Bryman, 2008; Fetters & Molina-Azorin, 2017）。表1.2では，混合型研究を実施する根拠としてよく挙げられるものを示しました。論文著者は，研究背景に

表1.1　混合研究法宝探しを楽しむための手がかり

混合型研究の構成要素
1. 混合研究法を用いた理由・根拠を見つける
2. 混合研究法デザイン・手続きを見つける
3. 混合研究法の研究設問あるいは目的を見つける
4. 混合型研究の哲学や理論を見つける
5. 混合型研究のプロセスを描いたダイアグラムを確認する
6. 質的研究と量的研究がどのように実施され，どのタイプの手続きで統合されたかを見つける。また，ジョイントディスプレイの提示があるかを確認する
7. 混合研究法デザインの妥当性を脅かす要素（調査の限界）を探す
8. 量的及び質的研究の両方で厳密なデータ収集法や分析法が用いられた証拠を見つける
9. 結果の解釈と報告のレベルでの統合がどのようなアプローチによって行われているかを探る
10. 混合研究法を用いたからこそ得られたシナジー（相乗効果）の証拠を見つける

表 1.2　混合型研究を行う根拠

相補性：混合型データを収集し比較することで，調査対象の現象についてより深い理解を得られる

包括性：混合研究法を用いてある現象のより意義深い全体像を探ることができる

発展：順次的混合型研究では，先行の研究から得られた設問が次の研究段階で検証される。あるいは，先に行った研究から導き出された仮説を次の段階で検証する（一つの方法がもう一方に役立つ情報を与える）

積上げ：一つのタイプのデータ収集中に得られたデータをもとに，もう一方のタイプのデータ収集における手続きや検証内容を構築あるいは発展させる

拡張：先に行った質的あるいは量的工程またはアプローチで明らかになった結果を展開あるいは説明する

裏付け・検証：一つのアプローチから得られた推論の信憑性を混合研究法を用いて評価する。探索または説明・確証のための設問が導き出される

補完：一方のアプローチの短所をもう一方のアプローチの長所で補完するために混合研究法を用いる。質的及び量的研究法を用いて，互いの短所を補い合う

モデル形成及び検証・確認：質的研究法を用いてモデルを発展させ，量的研究法を用いて検証する。あるいは量的研究法を用いて理論モデルを構築し，質的研究法を用いて妥当性を確認する

このような根拠をひとつ以上挙げるべきですが，その際に必ずしも混合研究法の用語を使わないことが多いと言えます。根拠が示される場合，説明として（記述的に）記されることが多いでしょう。混合研究法の宝探しをする中で，根拠が明確な場合もあれば，暗に示されるだけのこともあるでしょう。まずは論文の「序論」あるいは「背景」の部分を探してみましょう。

2.2. 混合研究法デザイン・手続きを見つける

これまでに多くの研究者が混合研究法デザインのタイプを表す用語を考案してきました。ここでは，次にあげる理由から，Creswell & Plano Clark の考え方を踏襲します。第一に，Creswell と Plano Clark は現在世界で最も広く読まれている混合研究法の研究者であること。第二に，Creswell & Plano Clark（2007）と Creswell（2015）は早い段階から日本語に翻訳されており，抱井（2015）が詳

細にわたって解説していること。第三に，Creswell と Plano Clark が用いるデザインに関する用語が系統だっており理解しやすいためです。これについては第2章でより詳しく解説します。この「お宝」を見つけるためには，論文の研究方法のセクションの冒頭に注目するとよいでしょう。

2.3. 混合研究法の研究設問あるいは目的を見つける

混合型の経験的研究を行う者は，研究目的を明確にすべきです（Creswell & Plano Clark, 2017, p.163-71）。混合型研究では混合型の研究仮説あるいは研究設問が設定されることがあります。研究仮説は，しばしば量的研究に用いられます。質的及び混合型研究では，研究者が設問に答える形をとることが多いです。あるいは，研究の目的が仮説を反証あるいは検証することではなく，質的データから理論・概念モデルを組み立てることかもしれません。心しておきたいのは，混合型研究設問は時に隠されている，あるいは暗に示されるにとどまることがあることです。このような論文を読む時には，読者は「行間を読む」ことが必要になってきます。宝探しでは，上記のような宝や思いもよらぬ新たな宝が見つかるかもしれません！

2.4. 混合型研究の哲学や理論を見つける

混合型研究の厳密さを検証する手がかりの一つに，研究が特定の哲学的あるいは理論的立場を取っているかを見極めることが挙げられます（ただし，理論を発展あるいは検証する研究の場合は除きます）（Plano Clark & Ivankova, 2016, p.189-214）。宝探しの一つに研究の根底にある哲学あるいは理論を見つけるという項目があるのはそれが理由です。明確に示されている場合もあれば，仄めかされるだけのこともあるかもしれません。分野によって異なりますが，社会科学では特に，研究実施の基礎となった哲学的立場及び・あるいは理論を示すことが求められます。哲学的立ち位置や理論を見つけ出すのは，宝探しの中では最も難しいことかもしれませんが，同時に最も価値ある

ものとなるかもしれません。

2.5. 混合型研究のプロセスを描いたダイアグラムを確認する

　混合型研究は複雑なものです。ゆえに，*Journal of Mixed Methods Research*（*JMMR*）誌では，デザインの略図を論文に含めることが通例となっています。混合型研究のダイアグラム（図）の作成法のガイドラインも存在し（Creswell, 2015 抱井訳 2017; Creswell & Plano Clark, 2017; Ivankova et al., 2006），例を見たければ教科書や多数の研究論文に混合研究法ダイアグラムが含まれています。本質的には，良いダイアグラムには研究に用いられた質的及び量的工程（要素）が示されるべきです。また，データ収集手続きが示され，各工程で予測される結果も含まれるとさらに良いでしょう。分析手続きを含めることを好む研究者もいます。理想を言えば，論文には用いられた統合手続きが明示される（あるいは最低限示される）ことが望まれます。論文に含まれるダイアグラムには通常明らかな表示があるため，見つけるのは簡単なことでしょう。ダイアグラムは混合研究法の宝探しの中で最も手が届きやすい宝です。手に入ったら，ダイアグラムをじっくり読んでみましょう！　入念に作られたダイアグラムには非常に多くの情報が詰まっています。

2.6. 質的研究と量的研究がどのように実施され，どのようなタイプの手続きで統合されたかを見つける。また，ジョイントディスプレイの提示があるかを確認する

　混合研究法の特徴は質的及び量的研究を「統合」することです（Fetters & Freshwater, 2015）。2000年代初頭には質的及び量的研究の統合の仕方に研究者たちは苦労していました（Bryman, 2007）。しかし，それ以降，混合研究法論者たちは精力的に統合アプローチの発展に取り組んでおり，現在では混合研究法の哲学，方法論及び研究手法の全ての次元において統合方法が多数存在しています（Fetters & Molina-Azorin, 2017）。例と

表1.3　混合型研究における統合の次元

統合の次元	混合研究法を用いる研究者はどのように…
哲学	混合研究法に適した哲学的背景をふまえて研究を実践しているか
理論	混合型研究プロジェクトに理論を組み込んでいるか
研究者	個人的な経験や職業経験を活かして研究を充実させているか
研究チーム	チームメンバーの専門知識及び研究手法を効果的に利用しているか
文献レビュー	質的及び量的研究の学問的なニーズを示しているか
根拠	統合された混合型研究を実践する根拠を示しているか（表1.2）
研究目的及び研究設問	混合型研究設問，目的及び仮説を詳細に説明しているか
研究デザイン	基礎型，足場型（scaffolded）・複合型（complex）・出現型（emerging）など混合研究法のデザインを用いているか
サンプリング	データ収集におけるタイミング，サンプルの関係性及び社会的階層集団に基づいたサンプリングをしているか
データ収集	データ収集の手続きをリンクする目的で両タイプのデータを収集しているか
データ分析	1）質的及び量的研究手法，2）基礎的な統合の手続き，3）（可能であれば）より高度な統合の手続きを用いてデータ分析をしているか
解釈	混合型研究結果の意味を解釈しているか，また各データ源の解釈を組み合わせているか
修辞	統合を念頭に置いて論文を組み立てているか
研究結果の公開・共有	複数の発表形式で研究結果を公開・共有しているか
研究の公正性	質的，量的及び混合研究法の視点から研究の公正性を確保しているか

して*JMMR*誌に発表されたBazeley& Kempのデータ統合法（2012）や，研究全般にわたる統合アプローチの発展（Fetters, Curry, & Creswell, 2013）などが挙げられます。表1.3に混合型研究において質的及び量的研究手続きが統合され得る次元を示しました。

　全ての混合型研究論文には含まれませんが，統

合のためのデータ結合の手続きとしてジョイント
ディスプレイを利用することがますます一般的
になってきています。Fetters, Curry & Creswell
(2013, p.10)はジョイントディスプレイの作成に
関し次のように述べています。

　　「研究者はデータを統合させるために視覚的手法を
　　使い，量的及び質的結果を結合することで新たな洞察
　　を引き出す。これは関連のあるデータを図，表，マト
　　リックス，グラフにまとめることで達成できる」

　Guetterman らは混合研究法論及び健康科学の
主要学術雑誌の文献レビューを行い，模範とな
る一連のジョイントディスプレイを特定しまし
た。これらのジョイントディスプレイは，質的及
び量的データを有意義に比較することでいかにメ
タ推論（質的及び量的結果両方から導き出され
る新たな理解）を引き出せるかを示すものです
(Guetterman, Fetters, & Creswell, 2015)。

2.7. 混合研究法デザインの妥当性を脅かす要素
（調査の限界）を探す

　最も優れた研究者は自身の研究アプローチの限
界を十分に把握しているものです。私はそれほど
遠くない過去に，質的及び量的研究法のどちらが
優勢かを競う「パラダイム論争」の名残りを留め
る戦士たちに遭遇してきました。量的研究アプロ
ーチがベストであると主張する量的研究者たちや
質的研究アプローチがベストであると主張する質
的研究者たちです。実際にはどちらの考え方も正
しく，同時に誤っています。いずれにせよ「何を
知るために最適なアプローチなのか？」という問
いが鍵となります。例えば，医師が手洗いをする
ことで患者の命を救える（死亡率を下げる）こと
を証明したい場合，仮説検定と量的研究法が有用
です。しかし，なぜ医師は手を洗わないのか（プ
ロセス）を理解するのが目的であれば，質的研究
法が有用です。このようにどちらのアプローチに
も長所と短所があるのです。

　一方の研究アプローチが他方より優勢だと主張
する研究者は解決すべき研究課題多様性と，いず

れの研究法にも必ず短所があることを見落として
います。ここでは，研究者が選択した研究アプロ
ーチの短所が正直に報告されているかを宝物とし
て見つけましょう。正直な研究者は質的，量的及
び混合研究法の視点からの短所を述べています。
ヒントとして，研究の限界を議論しているセク
ションに注目すると良いでしょう。考察のセクショ
ンの終わりに述べられていることが多いですが，
方法や考察の冒頭に述べられている場合もありま
す。著者が短所を報告しなかった可能性もありま
す。この場合，著者が検討すべき短所や妥当性を
脅かす要素を見つけてみましょう。

2.8. 量的及び質的研究の両方で厳密なデータ収集
法や分析法が用いられた証拠を見つける

　混合型経験的研究の実践及び発表・出版に向け
て，研究者は次の三つのタイプの情報を明確に示
す必要があります。1）質的データ収集・分析手続
き，2）量的データ収集・分析手続き，3）混合
研究法の統合手続き。読者がこの3つのお宝を探
し出して三冠王を目指すなら，得るものも多いで
しょう。研究者は特定分野の専門家として研究知
見についての議論を重視するため，方法のセクシ
ョンをしばしば最小限にまとめようとするので，
この宝物を探し出すのは困難です。しかし，方法
論の専門家の観点から研究手続きを理解するため
には，この情報を十分に把握する必要があります。
方法のセクションに注目し，何を探し出せるかや
ってみましょう。

　質的及び量的手続きは普通見つけやすいもので
す。収斂デザインの混合型研究にしばしば見られ
るように，質的及び量的データ収集が同時に行わ
れた場合，手続きも同時に報告されます。順次的
デザインの混合型研究においては先行する研究ア
プローチの手続きが先に報告され，後続の研究ア
プローチの手続きが後に報告されます。混合研究
法の手続きを見つけることは最も難しいと言えま
す。混合研究法の手続きの報告方法にはまだ統一
された取り決めがないため，注意深く探す必要が
あります。方法，結果及び考察のセクションに注

目してみると良いでしょう。

2.9. 結果の解釈と報告のレベルでの統合がどのようなアプローチによって行われているかを探る

　ナラティブを通じて混合型研究の結果を統合する場合，研究者は質的及び量的結果を一つの，または一連の報告にまとめます。ナラティブを通じた統合方法には大きく分けて3つのアプローチがあります。1つ目は質的及び量的研究結果を別々のセクションを設けて報告する隣接アプローチ（contiguous approach）です。例えば，多くの混合型研究論文では質的研究結果セクションに続いて量的研究結果セクションを設けたり，量的研究結果に続いて質的研究結果のセクションを設けています。さらに，著者はこれらの研究結果の関連性について熟考し，考察などの別のセクションに考えをまとめます。2つ目は質的及び量的結果を同じセクションにまとめる織り込みアプローチ（weaving approach）と呼ばれるものです。このアプローチでは関連がある量的な構成概念と質的テーマを織り込み，概念別に両タイプのデータ分析結果を報告します。3つ目はいくつかの論文を段階別に執筆する段階アプローチ（staged approach）です。例えば，質的データ分析結果を報告する論文，量的データ分析結果を報告する論文及び混合型研究論文が考えられます。このアプローチにおいて統合を確保するために重要な点は，各論文で報告されているデータ分析結果を十分に関連付けることです。関連する質的及び量的データ分析結果をできる限り統合し，一つの論文にまとめることを推奨します。混合研究法の宝探しでは，これら3つのアプローチを探し出してみると良いでしょう。「質的及び量的データ分析結果は別々に報告されているか？」「関連する質的及び量的データが各概念を裏付け，織り込み式で結果が報告されているか？」「関連論文で報告された研究結果が背景として紹介されているか，または考察に結びつけられているか？」これらの質問は研究結果の解釈及び報告レベルでの統合方法を識別するのに役立つでしょう。

2.10. 混合研究法を用いたからこそ得られたシナジー（相乗効果）の証拠を見つける

　混合研究法による探究が最も適している研究課題の特定，混合研究法を用いる根拠の明確化，混合型研究目的の作成，適切な混合研究デザインの選択，サンプリング，データ収集手続き，分析，解釈及び論文出版の手続きなど，混合型研究がかなりの労力を要することを考えると，研究者は混合研究法を用いることによって得られる付加価値を明確に述べるべきです（Fetters & Freshwater, 2015）。統合によって得られた付加価値を一つの宝物として探してみましょう。「新たな洞察が得られたか？」「より幅広い理解が得られたか？」「研究設問の理解が拡張されたか？」「両タイプのデータ分析結果が互いを裏付けたか？」「両タイプのデータ分析結果に矛盾が発生し，それが新たな探究につながることでより良い理解が得られたか？」これらの問いを検討することで混合研究法の宝物であるシナジー（相乗効果）が見つけやすくなります。

■ 3．まとめ

　この混合研究法の宝探し本の目的は，アクティブで楽しいアプローチを通して混合研究法を学ぶことです。お宝を探すことで混合研究法の特徴的かつ重要な要素を把握することができる仕組みになっています。

　第2章からは，いよいよ宝探しが始まります。収斂デザイン（第2章），説明的順次デザイン（第3章），探索的順次デザイン（第4章），コミュニティを基盤とした参加型研究デザイン（第5章），介入デザイン（第6章），多段階評価デザイン（第7章），事例研究型デザイン（第8章），複合型評価研究デザイン（第9章）とさまざまな混合研究法デザインを用いた論文の宝探しをご覧いただきます。最終章である第10章では，本書の編著者であり，*Journal of Mixed Methods Research* 誌の現共同編集委員長のフェターズと，同誌常任査読委員の抱井から読者へ，混合研究法を用いた論文を執筆また査読する際のヒントを提供します。

混合研究法に初めて触れる読者は，第1章で混合研究法の基礎を学んだ後に，第2，3，4章を通して基本型デザインを理解し，その上で第5章から第9章までの各種応用型デザインについて読むことをお勧めします。すでに混合研究法にある程度の知識と経験を有する読者については，第1章に目を通した後は，どのような順序で読み進めていただいても構いません。

それでは皆さん，一緒に混合研究法の宝探しに挑戦しましょう！

引用文献

Bazeley, P. & Kemp, L. (2012). Mosaics. triangles. and DNA: metaphors for integrated analysis in mixed methods research. *JMMR.* 6(1), 55-72.

Bryman, A. (2007). Barriers to integrating quantitative and qualitative research. *Journal of Mixed Methods Research, 1*(1), 8-22. https://doi. org/10. 1177/2345678906290531

Bryman, A. (2008). Why do researchers integrate/combine/mesh/blend/mix/merge/fuse quantitative and qualitative research? In: Bergmann, M. (Ed.) *Advances in Mixed Methods Research.* SAGE.

Creswell, J. W. (2015). *A concise introduction to mixed methods research.* SAGE. (抱井尚子訳 (2017). 早わかり混合研究法. ナカニシヤ出版.)

Creswell, J. W. & Plano Clark. V. L. (2007). *Designing and conducting mixed methods research.* SAGE. (大谷順子訳 (2010). 人間科学のための混合研究法：質的・量的アプローチをつなぐ研究デザイン. 北大路書房.)

Creswell, J. W., & Plano Clark, V. L. (2017). Core Mixed Methods Designs. In: *Designing and Conducting Mixed Methods Research* (3rd ed.). SAGE.

Invankova, N. V., Creswell, J. W. & Stick, S. L. (2006). Using a mixed-methods sequential explanatory design: From theory to practice. *Field Methods, 18*(3), 3-20. doi: 10. 1177/1525822X05282260

Fetters, M. D., Curry, L. A., & Creswell, J. W. (2013). Achieving integration in mixed methods designs？: principles and practices. *Health Serv Res.* 48(Pt 2), 2134-56.

Fetters, M. D. & Freshwater D. (2015). The 1＋1＝3 Integration Challenge. *JMMR,* 9(2), 115-7.

Fetters, M. D. & Molina-Azorin, J. F. (2017). The Journal of Mixed Methods Research starts a new decade: The Mixed Methods Research Integration Trilogy and Its Dimensions. *JMMR,* 11(3), 291-307.

Guetterman, T. C., Fetters, M. D., & Creswell, J. W.(2015). Integrating quantitative and qualitative results in health science mixed methods research through joint displays. *Ann Fam Med, 13*(6), 554-61.

抱井尚子 (2015). 混合研究法入門―質と量による統合のアート. 医学書院.

Plano Clark, V. L. & Ivankova, N. V. (2016). *Mixed methods research: A guide to the field.* SAGE.

収斂デザイン論文のトレジャーハント

抱井尚子

■ 1．収斂デザインの特徴

　本章では，混合研究法の収斂デザインを取り上げます。収斂デザインは混合研究法デザインの中では次章以降で詳述する2つの順次デザイン（説明的順次デザインと探索的順次デザイン)に並び，基本型デザインの一つにあたります。このデザインは，量的研究の工程と質的研究の工程を並行して実施し，それぞれから得られた結果を比較検討することで，混合型研究の解釈（メタ推論）を導き出します。

　「収斂」（convergence）という名称が使用されていることから，収斂デザインは量的研究結果と質的研究結果が収斂することを確認する，伝統的な妥当性検証のためのデザインであると捉えられがちですが，その限りではありません。混合研究法においては，2つの異なるアプローチによって得られた結果が矛盾することが明らかになった場合，研究者は，使用された研究アプローチの問題点を精査する機会を得るだけでなく，観察された矛盾を生み出した要因が何かを探るための新たな研究設問を立てる機会を得ることになります。したがって，「収斂しない」ことに対するリスク（危機）をチャンス（機会）と捉える姿勢が近年の混合研究法にはみられます。

　量的・質的研究工程を併せ持つ収斂デザインの最大の強みは，量的研究結果により集団全体の傾向を把握するだけでなく，集団を構成する個々人がもつ多様性に気づかせてくれるところであると筆者は考えます。収斂デザインは，量的研究により得られる現象に対する鳥瞰図と質的研究により得られる虫瞰図の両方を統合することによって，シナジーの知を発見することを可能にします。

■ 2．サンプル論文の特徴

　本章で取り上げるサンプル論文は，ウィティンクら（Wittink, Barg, & Gallo, 2006）による，高齢患者が自身の抑うつ状態について医師に話をする際の見えないルールを明らかにしたものです。本論文の筆頭著者であるマーシャ・ウィティンク氏（Marsha N. Wittink. MD）の2021年における所属は，米国ロチェスター大学（University of Rochester）のメディカルセンターであり，家庭医学が専門の医師です。複数の慢性疾患を有する成人患者を対象とした臨床及び研究活動に力を入れています。

　本章で取り上げるウィティンクらの研究は，すでに実施されていたスペクトラム研究という親プロジェクトから派生したものです。高齢者のプライマリ・ケアにおいて患者が自身の抑うつ状態をどのように報告するか，その方法を明らかにする

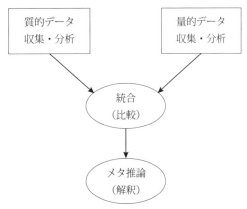

図 2.1　収斂デザインのダイアグラム

ことを目的に親研究は実施されています。そこでは抑うつ状態や不安をはじめとする，患者の心身状態を測定する複数の尺度が用いられ，量的データが収集・分析されています。ウィティンクらによる当該論文は，この親研究の一部のサンプルを利用して実施されたもので，その主たる目的は高齢患者の抑うつ状態の評価について患者本人とプライマリ・ケアの医師の見解が一致する場合と一致しない場合，そこではどのようなコミュニケーションの違いがあるのかを患者の視点から探るというものです。

本サンプル論文は，混合研究法を用いた研究論文の例としては，比較的初期のものと言えるでしょう。そのため，近年の混合型研究論文では一般的に使用されるようになってきた手続きダイアグラムやジョイントディスプレイといった用語こそ使われていませんが，これらに当たる図表が掲載されており，さらに混合研究法の収斂デザインを使用した理由が明確かつ適切に示されているため，サンプル論文として本章で取り上げることにします。

まずは，ウィティンクらによるサンプル論文の縮小版を読んでください。これは，トレジャーハントのタスク用に原著論文（英語）を基にその骨子を短くまとめたものです。内容を理解したら，いよいよ宝探しに挑戦してみましょう。

サンプル論文（縮小版）

ウィティンク，M. N., バーグ，F. K., & ギャロ，J. J.（2006）

「うつ病について医師に語る際の不文律：質的・量的方法を統合する」．アナルズ・オブ・ファミリーメディスン，4 (4), 302-309.（抜粋）

原著論文書誌情報：Wittink, M. N., Barg, F. K., & Gallo, J. J.(2006). Unwritten Rules of Talking to Doctors About Depression: Integrating Qualitative and Quantitative Methods. *The Annals of Family Medicine* July 2006, *4* (4), 302-309; DOI: https://doi.org/10.1370/afm.558

キーワードの記載無し

1．はじめに[1]

プライマリ・ヘルスケアは，うつ病やその他の精神症状をもつ高齢者にとって重要な役割を果たす。それにもかかわらず，プライマリ・ケアにおいてうつ病のある高齢者の診断やケアは積極的になされていない。これまでのいくつかの研究から，患者と医師のコミュニケーションが治療のアウトカムや順守につながることがわかっている。医師とのコミュニケーションに満足している患者は，医師の勧告に耳を傾ける可能性が高く，結果が悪い場合でも医療過誤訴訟を起こす可能性が低い。うつ病に関しては，患者がどのように医師とのコミュニケーションを認識しているかによって，医師に対して自身の感情をあらわにする，診断を受け入れる，薬を指示通り服用する，あるいはカウンセリングを受ける，といった患者の行動に影響を与える。医師のコミュニケーション行動の研究は，例えば共感する，傾聴する，社会的及び感情的な問題について質問するといった医師の行動により，問題を医師と共有したいという患者の意欲を高めるという結果を示している。

本研究は，量的・質的伝統の両方に由来する要素をもち，仮説検証と仮説生成戦略を交互に使用する統合的混合研究法デザインを採用することで，医師との相互作用（コミュニケーション）に対する患者の認識を明らかにするものである。

2．方法[2]
a．デザイン

統合的混合研究法デザイン[3]を採用する。このデザインにより，医師とのコミュニケーションに対する患者の語り（質的データ）を，標準化

1　原著論文では p.302 から p.303 まで。
2　原著論文では p.303 から p.304 まで。
3　Creswell & Plano Clark（2018）の収斂デザインにあたる。

された尺度を用いて測定した患者の苦痛に関する指標や医師が評価する患者の特性（量的データ）にリンクすることが可能になる。本研究は，ペンシルベニア大学機関内倫理委員会の承認を受けて実施されている。

b．研究対象者

スペクトラム研究（Spectrum Study：本研究のサンプル源である親研究）のもつ包括的目標は，プライマリ・ケアの高齢患者がどのようにうつ病を医師に報告するかにあった。親研究のデザインは，65歳以上の患者及びメリーランド州のボルチモア地区で大学や研究機関に属していないプライマリ・ケア・クリニックを営む医師（n=355）を対象とするアンケート調査法による横断研究であった。質問紙調査の後，合目的的サンプリングを用いて選択した患者に対し半構造化インタビューも実施した。インタビュー参加者102名の中から，自身をうつ状態にあると報告し，医師もそのように評価した患者48名が本研究のために選ばれた。医師からうつであると診断されたグループ（n=27）では，平均年齢が73.0（SD=5.3），女性の割合が79%，アフリカ系アメリカ人の割合が39%，中等教育修了またはそれ以下の教育レベルの割合が30%であった。一方，医師からうつではないと診断された患者（n=21）の平均年齢は77.1（SD=5.3），女性の割合が71%，アフリカ系アメリカ人の割合が57%，そして中等教育修了またはそれ以下の教育レベルの割合が48%であった。

c．手続き

（1）医師からのデータ収集

指標となる患者の来院時に，医師が患者のうつ病レベルを，「無」，「軽度」，「中度」，または「重度」の4件法で評価した。また，患者について医師がどの程度知っているのかについて，「非常によく知っている」「どちらかというと知っている」，「全く知らない」の3件法で評価された。

（2）患者からのデータ収集

患者からは年齢，性別，民族，婚姻状況，生活環境，教育水準，及びクリニックへの過去半年間以内の訪問回数に関するデータを収集した。

うつ病の測定のために，国立精神衛生研究所が開発したうつ病自己評価尺度（CES-D[4]）と，不安の重症度を測定するために開発されたベック不安尺度（BAI[5]）を使用した。自殺願望に関連があるとされる要因（未来についての絶望感，諦め，未来に対する不安や計画）の測定には，ベック絶望感尺度（BHS[6]）を使用した。また，医療合併症のベースライン測定のためにチャールソン指数[7]を適用し，機能状態を測定するために36項目からなるメディカル・アウトカム・スタディの短縮版（SF-36[8]）を使用した。認知機能の測定には，全体的機能を測定する標準化尺度（ミニ・メンタル・ステート検査：MMSE[9]）を使用した。

医師とのエンカウンターに関する患者の認識を調査するために，訓練を受けた面接者が患者の自宅で半構造化インタビューを実施した。インタビューの逐語録は分析のために分析用ソフトウェアに入力された。逐語録は，医療人類学者，家庭医，及びコミュニティから参加した高齢者から成る研究チームによって週に一度のミーティングの中で検討された。

患者がうつ状態にあるか否かは，インタビューにおける「あなたはこれまで，ご自分がうつ状態にあると考えたことはありますか」という

4　Radloff (1977); Comstock(1976); Eaton & Kessler(1981); Newmann, Engel, & Jensen (1991); Gatz, Johansson, Pedersen, Berg, & Reynolds (1993); Miller, Malmstrom, Joshi, et al. (2004); Long Foley, Reed, Mutran, & DeVellis (2002). 章末引用文献参照。

5　Beck, Epstein, Brown, & Steer (1988); Steer, Willman, Kay, Beck (1994). 章末引用文献参照。

6　Beck, Weissman, Lester, & Trexler (1974). 章末引用文献参照。

7　Charlson, Pompei, ales, & MacKenzie (1987). 章末引用文献参照。

8　McHorney(1996). 章末引用文献参照。

9　Folstein, Folstein, & McHugh (1975);Tombaugh & McIntyre (1992). 章末引用文献参照。

質問に対する答えのみで判断するのではなく，（1）指標となる患者の来院時における医師の評価，（2）CES-Dへの患者の回答，そして（3）うつ状態についての患者の自己申告によって判断した。

d．分析

（1）量的分析

自身をうつであると認識している患者の中から，医師からはうつではないと判断された患者のグループと医師からもうつであると判断された患者のグループを独立したサンプルの t 検定によって比較し，2つのグループの間の心理状態及び認知機能に違いがあるかを検証した。

（2）質的分析

逐語録をコーディングし，継続的な比較法を使用してコードとテキストの間を反復的に行ったり来たりすることでテーマを導出した。患者への質問紙調査の結果や，うつであると医師に判断されたか否かについての情報を一切知らずに研究者は質的データ分析を行った。ここでは医師と感情的な問題についてどのように話をしたかという点に分析の照準が当てられた。

（3）量的・質的データセットの統合

質的データ分析の結果得られたテーマを，患者の質問紙調査の結果と患者がうつであるか否かに関する医師の評価に関連付けた。データ分析には，SPSS統計解析ソフトとQSR N6質的データ解析ソフトを使用した。

3．結果[10]

（1）量的結果

全体として，インタビュー調査参加者102人のうち53人の患者が自身をうつであると認識していた。そのうち5名については逐語録にデータの欠落があったため除外し，最終的に48名の患者が本研究のサンプルとなった。医師によってうつであると評価された患者とそうではないと評価された患者の間には，年齢（医師によ

ってうつと評価された患者はより若かった）を除いては，統計的有意差はみられなかった。また，患者の機能状態を測るSF-36のどのスケールにおいても2つのグループの間に統計的有意差はみられなかった。

（2）質的結果

質的分析の結果，4つの主要なテーマが導出された。これらは，（1）「医者はうつをお見通し」，（2）「私は良い患者」，（3）「医者が診るのは身体だけ」，そして（4）「精神科に送られる」であった。1つ目の「医者はうつをお見通し」は，患者が心の問題を打ち明けずとも，医者はそれを見通しているというテーマである。2つ目の「私は良い患者」は，心の問題があっても，患者は医者の前ではあたかもそのようなメンタルな問題は無いかのように振る舞うというテーマである。3つ目の「医者が診るのは身体だけ」は，医者がいかに患者のメンタルヘルスには関心がないかを表すテーマである。そして最後のテーマである「精神科に送られる」は，心の問題を打ち明けようものなら，医者はすぐに自分たちを精神科に送り込むだろうという患者の認識を示している。

（3）量的結果と質的結果の統合

テーマ1「医者はうつをお見通し」の内容に触れた患者全員が女性であり，医師によってもうつであると評価された患者だった。テーマ2「私は良い患者」の内容に触れた患者8名のうち，3名のみが医師によってうつであると評価され，6名が女性であった。テーマ3「医者が診るのは身体だけ」に触れた患者は教育レベルが高く，白人である傾向が高かった。そして，7名中4名が医師によってうつと評価されていた。最後に，テーマ4「精神科に送られる」の内容に触れた患者の全員が医師によってうつであると評価されていた[11]。

10　原著論文では p.304 から p.306 まで。

11　各テーマに言及した患者と，彼（女）の質問紙調査の結果を並置した表がここでは挿入されている。

4．考察[12]

　統合された混合研究法デザインによる本研究は，一つの研究の中で仮説検証と仮説生成を組み合わせることを可能にした。結果として，医師がうつ病と診断した患者もそうでない患者も，標準尺度の結果による違いは見られなかった（仮説検証）。しかしながら，心的問題を医師とどのように話すか高齢患者に尋ねたところ，4つのテーマが導出された（仮説生成）。これらのテーマは，心の問題について医師と話をする際の高齢患者の認識を表している。

　本研究は，患者及び医師の両方の視点からうつ病を特定する上での医師−患者関係の役割をより理解することができるよう，量的・質的データの統合を試みた。多くのシステム，医師，患者の要因が医師と患者の相互作用において役割を果たしており，その全てを本研究で説明することはできなかった。しかしながら，うつ病の特定において患者の行動や期待が果たす役割を調査するために，医師−患者のエンカウンターを徹底的に分析したり，診察直後の患者にインタビューを行ったりする調査デザインでは，本研究で示したようなデータは得られなかったであろう。

　本研究は臨床及び方法論において示唆を与えるものと言える。臨床的には，医師−患者間の相互作用が，患者のうつ病を診断し治療の選択について患者と交渉する医師の能力と密接なつながりをもつことが示されたと言える。また，方法的な観点からは，患者の特性を量的に捉えただけでは見逃していたであろう，患者が有する視点を捉えることができたと言える。

5．引用文献

　本章末参照

【サンプル論文引用ここまで】

■ 3．トレジャーハント（宝探し）

　それでは，次にトレジャーハント（宝探し）のための 10 のタスクにうつります。

3.1. タスク1─混合研究法を用いる理由

　タスク1は，「混合研究法を用いる理由・根拠を見つける」でした。ウィティンクらは研究の中でなぜ混合研究法を用いたのでしょうか。混合研究法を用いる具体的な理由として明確に言及した箇所として，以下の2箇所をここでは取り上げます（表 2.1）。

　ウィティンクらは，「統合的混合研究法デザイン」（integrated mixed methods design）ということばを使用して当該研究のデザインを表現し，その特徴を仮説検証と仮説生成の両方の機能を有するものとして説明しています。そして，これが混合研究法を用いる理由と言えます。

3.2. タスク2─混合研究法デザインのタイプ

　タスク2は，「どの混合研究法デザインの手続きが用いられたかを見つける」でした。ウィティンクらによる原著論文には，少なくとも以下の2箇所に混合研究法デザインについての言及があります（表 2.2）。最初は「序論」（Introduction）のところで，2つ目は「方法」（Method）のセクションの「分析戦略」（Analytic Strategy）という項目の中で触れられています。どちらも，当該研究のデザインが単一の研究において仮説検証と仮説生成を実施することを可能にするデザインであることを強調しています。そして，これはタスク1に

表 2.1　混合研究法を用いる理由を示す記述　出典：Wittink et al. (2006)（表中の記述は論文から抜粋・要約した文章の日本語訳。以下同じ。）

p.302（要旨） 研究者らは，仮説検証と仮説生成の（機能を有する）統合的混合研究法デザインを使用している。
p.304（方法，分析戦略） 研究者らは，混合研究法による調査の特徴でもある，単一の研究の中で仮説検証と仮説生成を統合する分析戦略をとっている。

表 2.2　デザインを示す記述　出典：Wittink et al. (2006)

p.303（序論）
仮説検証と仮説生成を交互に行う，量的及び質的研究の伝統を汲む統合的混合研究法デザインに基づき，研究者らは医師との相互作用を患者がどのように捉えているかに焦点を当てている。このデザインは，患者と医師のコミュニケーションのあり方に関する語りのテーマと，患者がもつ個人特性と苦痛に関する標準尺度の測定結果を結びつけることを可能にする。
p.304（方法，分析戦略）
研究者らの分析戦略は，混合研究法による調査の特徴でもある，単一の研究の中で仮説検証と仮説生成を統合するものである。第1段階では，患者がうつ状態にあるか否かについて，患者自身の評価と主治医の評価に隔たりがある場合と，患者と主治医の評価が合致している場合において，患者の個人特性がどのように異なるかについて比較をしている（χ二乗検定または t 検定を用いて，それぞれのグループの比率や平均を比較）。

表 2.3　研究目的を示す記述　出典：Wittink et al. (2006)

p.302（要旨）
目的：研究者らは，患者の抑うつ状態に関する医師と患者の認識の一致と不一致について，医師との相互作用に対し高齢患者がどのような見解を有しているかを評価することによって理解しようとした。
p.303（序論）
自身をうつ状態であると認識し，医師によっても同様に判断されている患者は，医師によりうつ状態にあると判断されなかった患者に比べ，より深刻な苦痛と機能障害を訴えていると研究者は予測した。
p.303（序論）
研究者らは，うつ病について患者がどのように医師とコミュニケーションを行うかに影響を及ぼす可能性のある（患者が把握するところの）医師－患者関係のあり方を理解しようと試みた。研究者はまた，臨床的に適切な状況に注目するために，自身がうつ状態であると認識している高齢者に焦点を当てている。

おいて「混合研究法を使用する理由」でも言及したポイントです。

3.3. タスク3―研究設問または研究目的

　タスク3は，「混合研究法の研究設問あるいは目的を見つける」でした。この宝についても要旨と序論の両方に見つけ出すことができます（表2.3）。

　先述したデザインについてと同様に，ウィティンクらの原著論文では少なくとも3箇所に研究目的に関する言及を見つけることができます。「理解する」という動詞は，一般的に質的研究の目的としてしばしば使用される表現です。本研究では，「高齢者がどのような見解を有しているかを評価することによって理解」（要旨）や「（患者が把握するところの）医師－患者関係のあり方を理解」（序論）といった表現から，質的研究により患者のイーミックな世界を探究することが研究の目的になっていることがわかります。「医師と患者の認識の一致と不一致」（要旨）という表現からは，現象をさまざまな角度から多面的に捉えようとしていることが伺えます。量的データはすでに親研究であるスペクトラム研究プロジェクトにおいて収集を完了していますので，ここでは中心となる研究がインタビュー調査法を用いた質的研究となり，すでに存在する量的データは質的データの解釈を補完するために使用される目的があることが伝わってきます。

　以上のような研究目的に関する表現から，ウィティンクらによる研究は，現象をより網羅的に捉えるために混合研究法を用いたケースと理解することができるでしょう（第1章表1.1, 1.2参照）。

3.4. タスク4―混合型研究の哲学や理論

　混合型研究を支える哲学的議論は，全ての論文において言及されているわけではありません。また，理論的背景に関する議論も，社会科学分野の論文では一般的であるものの，保健医療分野の経験的研究論文の場合含まれていないことも珍しくありません。ウィティンクによる当該研究論文には哲学的議論も理論的背景に関する議論も含まれていません。また，哲学的議論を含めた混合研究法の理論化が急速に進んだのが2007年の *Journal of Mixed Methods Research* 誌創刊以降ですから，この点からも，2006年に出版されたウィティンクらの論文にこのような議論が見当たらないのは不思議ではありません。

3.5. タスク5―手続きダイアグラム

　タスク5は、「混合型研究のプロセスを描いたダイアグラムの提示があるかを確認する」でした。ウィティンクらによる論文では手続きダイアグラムにあたるものがp.304の図1です。"Fig. 1 Flow diagram. Data from the Spectrum Study（2001-2004）[13]"（本章図2.2 手続きの流れ図（手続きダイアグラム）―スペクトラム研究（2001-2004）からのデータ）というタイトルが付されています。この図には、実際にはインタビュー調査の流れと、そこから導出されたテーマが提示されています。量的データ収集については、すでに親研究であるスペクトラム研究プロジェクトの中で完了しているため、ここには含まれていません。半構造化インタビューには、親研究の参加者の中から120名[14]が協力しています。そのうちインタビュ

13　Bogner et al. (2004); Gallo et al. (2005). 章末引用文献参照。

14　本文では半構造化インタビューのサンプルサイズは102名と記載されているが、原著論文p.304に掲載された図1（本章の図2-2）では120名となっている。Wittinkらによるその他の関連論文を確認した結果、本章の図2-2ではサンプルサイズを102名と修正して記載した。

ー調査によって抑うつ状態にあると自己申告した患者48名[15]の中で、医師もまた患者が抑うつ状態にあると判断した患者27名と、医師は患者が抑うつ状態にはないと判断した患者21名が当該研究の対象となっています。そして、これら48名の患者からすでに収集されている抑うつ状態、不安、絶望感、併存疾患の有無、機能状態、認知機能に関する量的データにおいて、医師と患者の見解が一致した27名の患者と不一致であった21名の間に差があるか否かの検証が行われています。これは、序論において研究目的の一つとして記述されていた、当該研究の仮説検証の部分ということになります。

3.6. タスク6―統合の手続き

　タスク6は、「質的研究と量的研究がどのようになされ、どのようなタイプの手続きで統合されたかを見つける。また、ジョイントディスプレイの提示があるかを確認する」でした。ウィティンクらの当該論文の場合、ここでの宝探しは、「比較

15　実際には53名がインタビュー調査に参加したが、逐語録に不足情報があったため、内5名分のデータは分析の対象から除外されている。

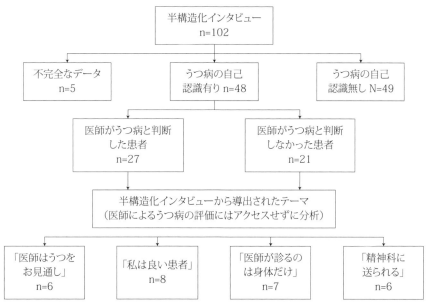

図2.2　手続きの流れ図（手続きダイアグラム）―スペクトラム研究（2001-2004）からのデータ　出典：Wittink et al. (2006), p.304, Figure 1 をもとに本稿筆者が翻訳。

する」（compare），そして「関連づける」（relate）がキーワードになるでしょう。これらのキーワードがどのように統合の手続きを表しているのかを以下で説明します。

　ウィティンクらの研究は，前述の通り，すでに実施されていたスペクトラム研究という親プロジェクトから派生したもので，親研究において抑うつ状態や不安をはじめとする，患者の心身状態を測定する複数の尺度によって量的データがすでに収集・分析されています。ウィティンクによる当該研究は，この親研究の一部のサンプルを利用して実施されたもので，その主たる目的は，第1に高齢患者の抑うつ状態の評価について患者本人とプライマリ・ケアの医師の見解が一致する場合（n=27）と一致しない場合（n=21）で患者が有する特徴にどのような違いがあるかを，量的データを用いて2つのグループを「比較する」ことによって明らかにすることです。したがって，ここではすでに収集された量的データと，インタビュー調査によって収集された質的データの「関連づけ」が行われることになります。第2の目的は，自身を抑うつ状態にあると認識している患者全て（n=48）が医師とのコミュニケーションにおいてどのような経験を有しているかについて，その感情面に焦点を当てて質的データの分析からテーマを導出するというものです。そして，そのテーマを再び患者の特徴（量的データ）と医師と患者の抑うつ状態に関する見解の一致・不一致（質的データ）に関連付けます（表2.4）。

　なお，ウィティンクらによる原著論文のみならず，多くの混合型研究論文において見られる傾向ですが，質と量のそれぞれのデータ源を示す表が挿入されていません。このようなデータ源に関する表は，読者がみなさんの混合型研究論文を理解する上で大変役に立ちますので，方法のセクションにおいて調査手続きについて説明する際に挿入することをお勧めします。

　以下はサンプルとして，ウィティンクらによる論文をもとに本章筆者が作成したデータ源の表です（表2.5）。

3.7. タスク7─妥当性を脅かす要素

　タスク7は，「混合研究法デザインの妥当性を脅かす要素（調査の限界）を探す」でした。

　今回のウィティンクらによる研究では，患者の

表2.4　質的・量的研究の統合を示す記述　出典：Wittink et al. (2006)

p.304（方法─分析的戦略） 研究者らは，研究の第1段階において，患者がうつ状態にあるか否かについて，患者自身の評価と主治医の評価に隔たりがある場合と，患者と主治医の評価が合致している場合とで，患者の個人特性がどのように異なるかを比較した（χ二乗検定またはt検定を用いて，それぞれのグループの比率や平均を比較）。
p.304（方法─分析的戦略） 感情や情緒的課題について医師と話をすることに関する患者へのインタビューの回答に研究者らは分析の焦点を当てている（原著論文 Table1 のインタビューガイド参照）。その後研究者らは，インタビュー調査から導出されたテーマを患者の個人的特性や，患者の抑うつ状態に対する患者本人と医師の見解のギャップに関連付けている。

表2.5　量的・質的データ源　出典：Wittink et al. (2006)

データ収集のタイミング	収集された量的データ	収集された質的データ
【工程1】親研究であるスペクトラム研究において量的データを収集（n=355）	量的データ収集で用いられた尺度 1) the Center for Epidemiologic Studies Depression (CES-D) scale 2) the Beck Anxiety Inventory（BAI）3) the Beck Hopelessness Scale (BHS) 4)the Charlson index(for comobidity) 5)the Medical Outcomes Study 36-item short-form health survey（SF-36）の一部の質問 6) Mini-Mental State Examination [MMSE]	なし
【工程2】親研究の参加者の一部を半構造化インタビュー用に合目的的にサンプリングし，質的データを収集（n=102）	なし	半構造化インタビューにより収集した質的データ

表 2.6　妥当性を脅かす要素を示す記述　出典：
　　　　Wittink et al. (2006)

pp.306-307（考察） 研究者らは，今回の研究がもつ潜在的な限界について報告している。まず，クリニカルエンカウンターについて患者の認識に依存したことを挙げている。患者の知覚は，特定のエンカウンターにおいて実際に何が起きているかを，部分的にしか捉えることができないからである。
p.307 研究者らはまた，うつ病に関して患者自身がどのような視点を有しているかに関心をもっていたので，患者によるうつ病の自己報告にも依存してしまっていたと報告している。
p.307 研究者らは，さまざまな測定が同時に実施されたわけではなかったことについても限界として報告している。
p.307 多くのシステム，医師，患者に関わる要因が医師と患者の相互作用に影響を与えていることを認識できたとはいえ，それら全てを今回のたった一つの研究の中で説明することはできないことを研究者らは認めている。

視点から研究対象となる現象を探るということが目的となっていたため，量的データ・質的データともに患者の認識に依存したものとなっていた点に限界があるところが最初に挙げられていました。また，量的データについては親研究であるスペクトラム研究ですでに収集されたものであったことや，さまざまな測定尺度によるデータ収集のタイミングもばらばらであったこと，質的データ収集も量的データ収集と同時進行的に収集されたわけではなかったこと，医師と患者の相互作用に影響を与える可能性のある全ての要因を分析に含んでいるわけではないことについても限界として挙げています。表 2.6 は，ウィティンクらによる当該研究の限界に関する記述です。

3.8. タスク 8 ― 厳密なデータ収集法・分析法

　タスク 8 は，「量的及び質的研究の両方で厳密なデータ収集法や分析法が用いられた証拠を見つける」でした。ここで探すべき宝は，一つ前のタスク 7 で扱った妥当性への脅威とも深く関連する記述であり，研究の質を評価する上で重要となるも

う一つのポイントと言えます。

　ウィティンクらによる研究では，親研究であるスペクトラムプロジェクトでどのようなサンプルからどのような尺度を用いてどのような量的データが収集されたのか，また，親研究の一部の参加者から，半構造化インタビュー法により，どのようなデータが収集され分析はどのようになされていたのかが詳述されています（表 2.7）。

3.9. タスク 9 ― 報告のレベルにおける統合

　タスク 9 は，「結果の解釈と報告のレベルでの統合がどのようなアプローチによって行われているかを探る」でした。

　ウィティンクらによる当該研究論文の報告レベルの統合は，隣接アプローチとジョイントディスプレイとによってなされていると言えるでしょう。隣接アプローチでは，最初に量的研究の結果のみを提示し，新たに独立したセクションに質的研究の結果を提示します。ウィティンクらの当該論文も，自身をうつ病と認識している患者 48 名のうち，医師も同じ見解を有している 27 名の患者と医師は患者がうつ病だとは認識していない 21 名の患者の 2 つのグループの間に，質問紙法で収集した患者の特徴（量的データ）にどのような違いがあるか比較した結果が提示され，その後でインタビュー調査データから導出されたテーマについての議論が続いています。

　量的研究の結果は，インタビューに参加した 48 名を上述した 2 つのグループに分け，それぞれの属性の特徴とともに各種測定尺度の平均得点と標準偏差を表（原著論文 p.305 Table 2）としてまとめています。この表に言及しながら，量的データに関しては，医師と患者が患者のうつ病に関して見解が一致するグループとそうでないグループの間に，年齢の差を除いては有意な差がなかったことを文中において述べています。

　一方，質的研究の結果報告については，分析の結果導出された「医者はうつをお見通し」，「私は良い患者」，「医者が診るのは身体だけ」，そして「精神科に送られる」の 4 つのテーマそれぞれにつ

表 2.7　厳密なデータ収集法・分析法を示す記述　出典：Wittink et al. (2006)

p.303
〈方法，測定戦略，指標となる患者の来院時における医師による患者の評価〉
指標となる患者の来院時において，医師は患者のうつ病レベルを 4 件法（なし，軽度，中度，重度）で研究者らは評価している。また，患者についてどの程度知識をもっているかについては，非常によく知っている，どちらかというと知っている，全く知らないといった具合に評価している。

p.303
〈方法，測定戦略，患者の測定〉
年齢，性別，エスニシティ，配偶者の有無，住居形態，教育レベル，過去 6 カ月の医療機関利用状況についてと，プライマリ・ケアでうつ病であることを確認する際に用いられる特定の要因を測るさまざまな尺度得点を研究者らはデータとして収集している。尺度から得た平均値は条件内及び条件間の比較を行うために使用されている。

p.304（方法，分析戦略）
〈量的データ分析〉
本研究で研究者らが用いた分析戦略は，混合研究法による調査の特徴でもある，単一の研究の中で仮説検証と仮説生成を統合するものである。第 1 段階では，患者がうつ状態にあるか否かについて，患者自身の評価と主治医の評価に隔たりがある場合と，患者と主治医の評価が合致している場合において，患者の個人特性がどのように異なるかについて比較をしている（χ 二乗検定または t 検定を用いて，それぞれのグループの比率や平均を比較）。

p.304（方法，分析戦略）
〈質的データ分析〉
第 2 段階では，継続的比較法を用いて，コードとテキストの間を行きつ戻りつしながら，医師と話をすることに関連するテーマを導出している。テーマを導き出す過程において，患者の抑うつ状態を医師がどのように評価しているかといった質問紙調査から得られたデータには，研究者らはアクセスをもっていなかった。感情や情緒的課題について医師と話をすることについて尋ねたインタビューへの回答の分析に研究者らは焦点を当てている（原著論文 Table1）。その上で研究者らは，インタビュー調査から導出されたテーマを患者の個人的特性や，患者の抑うつ状態に対する患者本人と医師の見解のギャップに関連付けている。

いての解釈が文中で議論されるとともに，インタビューから導出された 4 つのテーマ別に，そのテーマに言及した調査参加者にどのような特徴があるかを，各種量的データの平均値・標準偏差や割合を用いて表していると言えます。

表 2.8 はジョイントディスプレイになっており，自身をうつ病と認識している患者全員（つまり，上述した 2 つのグループをまとめた患者 48 名）のインタビューから導出された 4 つのテーマ別に，そのテーマに言及した調査参加者にどのような特徴があるかを，各種量的データの平均値・標準偏差や割合を用いて表しています。このように，質的研究によって導出されたテーマに量的指標を絡めることにより，ウィティンクらは各テーマの特徴がより明確化されるよう試みています。

本研究が出版された 2006 年には，ジョイントディスプレイという概念や，これをメタ推論の報告ツールとして用いる慣習が一般的となっていませんでした。しかしながら，本論文の著者らは，「ジョイントディスプレイ」という名称こそ使っていませんが，表 2.8 のような表を通じて量的・質的データの統合結果の可視化をすでに試みています。

3. 10. タスク 10—混合研究法を用いたことによるシナジー

最後のタスクは，「混合研究法を用いたからこそ得られたシナジー（相乗効果）の証拠を見つける」でした。

ウィティンクらが作成した表 2.8 のジョイントディスプレイから示唆された新たな知見は，まさにこのシナジーのわかりやすい例と言えるでしょう。このシナジーの部分を研究の成果として議論するのが考察のセクションということになるのですが，ウィティンクらの当該研究論文の考察部分では，シナジーはどのように記述されているでしょうか。ここでは，統合的混合研究法デザインを採用することで，単一の研究プロジェクトにおいて仮説検証と仮説生成が可能になり，量的指標においては差が見られなかった高齢患者の間に，感情的問題をめぐる医師とのやり取りについて多様な認識が存在することが明らかにされています（表2.9）。

表 2.8　半構造化インタビューの中で導出された患者の特性に関するテーマ（n＝48）　出典：Wittink et al. (2006), p.307, Table 3 を本章筆者が翻訳。

特性	「医者はうつをお見通し」	「私は良い患者」	「医者が診るのは身体（からだ）だけ」	「精神科に送られる」
社会人口学的特性				
年齢：平均値（標準偏差）	73.3 (3.3)	77.5 (4.2)	75.1 (7.8)	71.3 (6.3)
女性：人数（%）＊	6 (100)	6 (75)	4 (57)	4 (67)
アフリカ系：人数（%）＊	2 (33)	3 (38)	2 (28)	3 (50)
教育水準－中等教育またはそれ以下：人数（%）＊	2 (33)	3 (38)	2 (28)	2 (33)
心理状態				
CES-D得点：平均値（標準偏差）	19.0 (11.8)	11.9 (7.4)	15.3 (9.6)	14.0 (10.3)
BAI得点：平均値（標準偏差）	10.5 (4.9)	10.0 (9.1)	6.4 (4.5)	6.8 (3.8)
BHS得点：平均値（標準偏差）	4.8 (4.9)	3.8 (3.1)	4.6 (3.7)	5.7 (3.1)
認知状態				
MMSE得点：平均値（標準偏差）	28.7 (1.2)	27.5 (2.2)	28.9 (0.7)	27.8 (1.7)
身体的健康				
身体機能得点：平均値（標準偏差）	64.2 (21.5)	63.6 (31.0)	71.3 (24.8)	56.7 (28.2)
役割身体得点：平均値（標準偏差）	45.8 (36.8)	65.6 (35.2)	46.4 (44.3)	29.2 (29.2)
役割感情得点：平均値（標準偏差）	88.9 (27.2)	72.3 (39.8)	50.0 (50.0)	83.3 (40.8)
社会的機能得点：平均値（標準偏差）	75.0 (17.7)	70.3 (34.0)	62.5 (27.0)	72.9 (21.5)
身体性疼痛得点：平均値（標準偏差）	61.3 (17.7)	55.0 (25.8)	50.4 (26.1)	43.8 (24.2)
全体的健康感得点：平均値（標準偏差）	41.7 (15.7)	61.3 (17.5)	54.3 (16.4)	42.5 (14.4)
病状数：平均値（標準偏差）	8.7 (0.8)	6.6 (2.9)	8.0 (3.1)	8.0 (2.3)
過去半年間の来院数：平均値（標準偏差）	2.5 (1.0)	2.8 (1.4)	2.6 (1.5)	2.8 (1.5)
うつ病に関する医師との話し合い				
医者は気分を理解してくれた：人数（%）＊	5 (83)	4 (50)	1 (14)	3 (50)
医者と気分について話をした：人数（%）＊	5 (83)	3 (38)	1 (14)	2 (33)
指標となる来院時における医師の評価				
患者はうつ状態にある：人数（%）＊	6 (100)	3 (38)	4 (57)	6 (100)
医師は患者のことを熟知している：人数（%）＊	5 (83)	6 (75)	4 (57)	4 (67)

注：スペクトラム研究（2001-2004）からのデータ
＊各テーマ内のサンプル全体における割合
BAI＝ベック不安尺度；CES-D＝CES-Dうつ病自己評価尺度；MMSE＝ミニメンタルステート検査

3. 11. その他

　ここでは，上記 10 個の宝の他に，本論文に関して特筆しておきたい事柄について紹介します。

　ウィティンクらによる当該論文では，半構造化インタビューで使用したインタビューガイドが table 1 として掲載されています。質的研究と一言で言っても，さまざまなアプローチの間で認識論的スタンスには差があります（Madill et al., 2000; Willig, 2001 上淵・大家・小松訳 2003）。例えばウィティンクらが採用した質的研究のアプローチは，濃密な記述データから研究参加者のイーミックな世界を明らかにする質的研究ならではの良さを存分に活かしたものですが，複数の研究参加者の声から仮説となり得る共通パターンを見つけ出そうとする客観的姿勢が強く見られます。したがって，調査者と研究参加者の間の相互作用の影響がインタビューの方向性を発散させぬよう，どの

表 2.9　混合研究法を用いたことによるシナジーを示す記述　出典：Wittink et al. (2006)

p.306（考察）
研究者らは，統合的混合研究法デザインにより，仮説検証と仮説生成を単一の研究の中で組み合わせることを試み，医師がうつ病であると評価した患者と，そのようには評価しなかった患者との間に標準尺度による差異はなかった（仮説検証）ことを明らかにしている。しかしながら，高齢者に感情的な問題を医師とどのように話し合うかを研究者が尋ねたところ，いくつかのテーマが浮かび上がった（仮説生成）。これら全てのテーマは，医師とのコミュニケーションにおいて患者自身がどのように感じているかを示していた。

研究参加者に対しても同じように質問をし，その回答によって次にどのような質問をするべきかがフローチャート式に事前に用意され，話題の幅が広がりすぎないようにある程度コントロールされていることがインタビューガイドから見て取れます。このような，より客観主義的立場から収集さ

れた質的データは，当該論文のように親となる量的研究がある場合，量的データとの統合が比較的やりやすくなると筆者は考えます。

■ 4．まとめ

　本章では，収斂デザインの枠組みの中で，量的データと質的データを仮説検証と仮説生成の目的で利用する，統合的混合研究法デザインを取り上げました。宝探しの 10 のタスクに沿って，本デザインを用いた混合型研究論文の構成と論文中で押さえるべき重要ポイントについて，ウィティンクらによるうつ病に関する医師と高齢患者のコミュニケーション研究の論文（Wittink et al. 2006）を用いて解説しました。ウィティンクらによる当該論文は 2006 年に出版されており，混合研究法の専門学術雑誌 *Journal of Mixed Methods Research* が創刊された 2007 年以前に出版されたということになります。したがって，近年混合研究法の文献の中で使用されている手続きダイアグラムやジョイントディスプレイという専門用語が論文中に見られないのは至極当然と言えます。しかしながら，この論文の中には，手続きダイアグラムやジョイントディスプレイにあたる数多くの図表が掲載されており，2006 年当時にしてみれば時代を先取りしたような内容となっています。

　収斂デザインは量と質の２つの異なるデータ収集において用いられるサンプルサイズのバランスの問題があり，実践する上では難しいデザインとされています（Creswell, 2015）。そのため，収斂デザインにおける量と質のサンプリングの実例は探しにくいという現状があります。そのような難しさを，ウィティンクらによる当該研究はスペクトラム研究という量的研究による親研究から質的研究を派生させるという形で乗り越えていると言えるでしょう。保健医療研究の場合，本サンプル研究のように大規模な予算を獲って共同研究という形が少なくありません。そのような環境であれば，ウィティンクらによるサンプル論文のような研究の進め方は実行可能性の高いものであると考えます。

引用文献

Beck, A. T., Epstein, N., Brown, G., & Steer, R. A. (1988). An inventory for measuring clinical anxiety: Psychometric properties. *Journal of Consulting and Clinical Psychology, 56*(6), 893-897. https://doi.org/10. 1037/0022-006X. 56. 6. 893

Beck, A. T., Weissman, A., Lester. D., & Trexler, L. (1974). The measurement of pessimism: The Hopelessness Scale. *Journal of Consulting and Clinical Psychology, 42.* 861-865. https://doi: 10. 1037/h0037562

Bogner, H. R., Wittink, M. N., Merz, J. F., et al. (2004). Personal characteristics of older primary care patients who provide a buccal swab for apolipoprotein E testing and banking of genetic material: the spectrum study. *Community Genetics, 7,* 202-210.

Charlson, M. E., Pompei, P., Ales, K. L., & MacKenzie, C. R. (1987). A new method of classifying prognostic comorbidity in longitudinal studies: development and validation. *Journal of Chronic Diseases, 40,* 373-383.

Comstock, G. W. & Helsing, K. J. (1976). Symptoms of depression in two communities. *Psychological Medicine, 6,* 551-563.

Creswell, J. W. (2015). *A concise introduction to mixed methods research.* SAGE.（抱井尚子訳（2017）．早わかり混合研究法．ナカニシヤ出版.）

Creswell, J. W. & Plano Clark, V. L.(2018). *Designing and Conducting Mixed Methods Research* (3rd.ed.). SAGE.

Eaton, W. W. & Kessler, L. G. (1981). Rates of symptoms of depression in a national sample. *American Journal of Epidemiology, 114,* 528-538.

Folstein, M. F., Folstein, S. E., & McHugh, P. R. (1975). "Mini-mental state": A practical method for grading the cognitive state of patients for the clinician. *Journal of Psychiatric Research, 12,* 189-198.

Gallo, J. J., Bogner, H. R., Straton, J. B., et al. (2005). Patient characteristics associated with participation in a practice-based study of depression in late life: the Spectrum study. *International Journal of Psychiatry in Medicine, 35,* 41-57.

Gatz, M., Johansson, B., Pedersen, N., Berg, S., & Reynolds, C. (1993). A crossnational self-report measure of depressive symptomatology. *International Psychogeriatrics, 5,* 147-156.

Long-Foley, K., Reed, P. S., Mutran, E. J., & DeVellis, R. F. (2002). Measurement adequacy of the CES-D among a sample of older African-Americans. *Psychiatry Research, 109,* 61-69.

McHorney, C. A. (1996). Measuring and monitoring general health status in elderly persons: practical and methodological issues in using the SF-36 Health

Survey. *Gerontologist*, *36*, 571-583.

Madill, A., Jordan, A., & Shirley. C.（2000）. Objectivity and reliability in qualitative analysis: Realist. contextualist and radical constructionist epistemologies. *British Journal of Psychology*, *91*(1), 1-20. https://doi. org/10. 1348/000712600161646

Miller, D. K., Malmstrom, T. K., Joshi, S., et al.（2004）. Clinically relevant levels of depressive symptoms in community-dwelling middle-aged African Americans. *Journal of the American Geriatrics Society*, *52*, 741-748. https://doi. org/10. 1111/j. 1532-5415. 2004. 52211. x

Newmann, J. P., Engel, R. J., & Jensen, J. E.（1991）. Age differences in depressive symptom experiences. *Journal of Gerontology*, *46*, 224-235. https://doi. org/10. 1093/geronj/46. 5. P224

Radloff, L. S.（1977）. The CES-D Scale: A self-report depression scale for research in the general population. *Applied Psychological Measurement*, *1*, 385-401. https://doi. org/10. 1177/014662167700100306

Steer, R. A., Willman, M., Kay, P. A. J., & Beck, A. T.（1994）. Differentiating elderly medical and psychiatric outpatients with the Beck Anxiety Inventory. *Assessment*, *1*, 345-351.

Tombaugh, T. N. & McIntyre, N. J.（1992）. The mini-mental state examination: A comprehensive review. *Journal of the American Geriatrics Society*, *40*, 922-935. https://doi. org/10. 1111/j. 1532-5415. 1992. tb01992. x

Willig, C.（2001）. *Introducing qualitative research in psychology*. Open University Press.（上淵寿・大家まゆみ・小松孝至訳（2003）. 心理学のための質的研究法入門—創造的な探究に向けて. 培風館.）

Wittink, M. N., Barg, F. K., & Gallo J. J.（2006）. Unwritten rules of talking to doctors about depression: integrating qualitative and quantitative methods. *Annals of Family Medicine*, *4*(4), 302-309. https//doi. org/10. 1370/afm. 558

第3章

説明的順次デザイン論文の
トレジャーハント

河村洋子

1. 説明的順次デザインの特徴

　説明的順次デザインは，最初に量的データの収集，分析を行い，その結果について探索的に説明やさらに深い理解を求めて質的データを収集，分析するものです（Creswell & Plano Clark, 2007）。本章で取り上げる研究は，このような一般的な説明的順次デザインの目的に加え，後続する質的段階の参加者を選定することを量的段階で行う，「参加者選定モデル」とよびます。

　図3.1に一般的なダイアグラムを示しました。説明的順次デザインの場合，量的→質的の順序，また量的段階が中心に位置づけられ，質的段階は補足的な役割として認識されるのが一般的であると言えます。

2. サンプル論文の特徴

　この論文では，中学レベルの科学受講生の教員との関わりの認識と科学（を学ぶこと）の動機，特に効力感，価値，科学を学ぶことの目標指向性との関係性を検証することを目的とする第1段階の量的データをもとに第2の質的段階の参加者を選ぶという，説明的順次デザイン研究が記述されています。第2段階のインタビュー対象者を選定するため「参加者選定モデル」とされていますが，

第1段階の量的段階においても重回帰分析を用いて，教員の協働的行動認識が，科学を受講する生徒の学習動機の下位項目とどのように関連するかを確認しています。量的データの分析結果を基に選定された対象者による第2段階のインタビュー調査のデータのコーディング結果を示し，最終的に双方の結果をナラティブによって統合しています。両段階の手続きが丁寧に記述されており，比較的わかりやすい説明的順次デザインであるため，混合研究法を学ぶ上で参考になる論文であると言えます。

サンプル論文（縮小版）

スマート, J. B.（2014）

「中学レベルの科学における教師との関わりに対する生徒の認識と動機の関係についての混合型研究」. リサーチ・イン・ミドルレベルエデュケーション, RMLE オンライン, 38(4), 1-19（抜粋）

原著論文書誌情報：Smart, J. B.（2014）. A Mixed Methods Study of the Relationship between Student Perceptions of Teacher-Student Interactions and Motivation in Middle Level Science. *RMLE Online. 38*(4), 1-19. https://doi. org/10. 1080/19404476. 2014. 11462117.

キーワード：教室，中学，動機，科学教育，教員・生徒の関わり

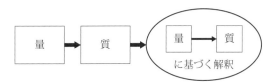

図3.1　一般的な説明的順次デザインのダイアグラム

1．はじめに[1]

　教員の生徒との関わりは学習到達度，動機，学校生活への適応など，あらゆるレベルで生徒に影響を与える可能性がある。教員の関わりに関する先行研究は幼児期，小学校，中学校などの複数の学齢期において，教室内の関わりが生徒の学習に関する成長，達成度，学習に対する態度など，あらゆるアウトカムに良い影響を及ぼすことを示している。中学学齢期において，小学と同様に教員との関わりが学習達成度や動機と関係をもつことも示唆されている。本研究の目的は，中学レベルの科学受講生の教員の関わりの認識と科学（を学ぶこと）の動機，特に効力感，価値，科学を学ぶことの目標指向性との関係性を検証することであった。

2．方法[2]

a．デザイン

　本研究は，量的段階と質的段階からなる説明的順次混合研究法デザインに則する。具体的には，第1段階の量的段階の分析結果をもとに第2の質的段階の参加者を選ぶという参加者選定モデルである。

b．データ収集と分析

（1）量的段階

　米国南東部学校区内の中学校の6年生で科学を受講している223名の生徒を対象に，質問紙調査を行った。生徒は教員がいない環境下で，科学の時間にクラス全員で研究者が読み進めながら回答した。学年の最終学期内にデータを収集した。教員の関わりの認識に関する尺度（Questionnaire on Teacher Interaction. QTI[3]），適応学習のタイプに関する尺度（The Patterns of Adaptive Learning Survey. PALS[4]）を中心的な尺度として利用した。

　分析に関して，上述の尺度のうちPALSの2つの下位項目（目標指向性と学習自己効力感）と課題価値尺度を従属変数として，いずれも科学に限定したものとした。QTIの協働的な教員の関わり（リーダーシップ，援助性／親しみ，理解性，生徒の自由度）を独立変数として上記の従属変数に対して重回帰分析を行ない，相関性の強い変数を特定した。

（2）質的段階のインタビュー対象者選定

　第1段階の調査項目の動機に関する下位項目（目標指向性，科学学習の効力感，科学学習の価値認識）から要約する点数を算出した。協働的な教員の行動の認識は，学生の動機（習得指向性,効力感,価値観）と最も相関が強かった。このような結果から，生徒の教員の協働行動（特に，協力的・親しみの感じられる行動，理解を示す行動，リーダー的行動）に関する認識をもとに要約点数を算出した。動機と教員の協働的行動認識を要約点数それぞれの尺度で4分の1に分割して高位と低位がわかるようにし，動機と認識の組み合わせで分類されるグループに生徒を割り当てた。（1）動機／教員の協働的行動の認識ともに高い，または（2）動機／教員の協働的行動の認識ともに低いに属する生徒をインタビューの対象者として選定した。

（3）質的段階

　第1段階で選定された24名を対象に生徒の半構造化インタビューによりデータを収集した。インタビューは，先行研究による生徒の教員との関わりの認識と科学に限定した学びの動機の関係性を探索し，量的段階の結果に基づく質問内容で構成した。インタビューは学習の妨げにならない時間に校内のメディアセンターで実施し，15〜35分程度の時間を要した。インタビューの内容は音声録音し，テキスト化した。

　分析は，グラウンデッド・セオリーに基づき，

1　原著論文ではp.1からp.4まで。AbstractからThe Present Studyまでが該当。

2　原著論文ではp.4, Study Design, pp.5-6, Quantitative Phase: Methods, p.8, Data Mixing: Participation Selection, pp.8-9, Qualitative Phase: Methods が該当。

3　Wubbels & Brekelmans (2005)

4　Midgley et al. (2000)

継続的な比較の過程で進めていった。データ収集と並行しながら，テーマ抽出からカテゴリ化するオープンコーディングとカテゴリ間の関係性を検証する軸足コーディング（axial cording）を進めていった。

3．結果[5]

（1）量的段階

使用したいずれの尺度も，許容範囲の信頼性を示した（クロンバック $a \geqq 0.6$）。重回帰分析によって，教員の協働的な行動は，生徒の科学学習の動機に関する下位指標の中で，科学学習の効力感，科学学習の価値認識，習得指向を統計的有意に説明する変数であることが明らかになった。

（2）質的段階のインタビュー対象者選定

（方法の箇所で説明したように）科学学習の動機と教員の協働的行動認識を要約する点数を算出し，この点数をそれぞれの尺度で4分の1に分割して高位と低位に分割し，動機と認識の組み合わせのグループに生徒を割り当てた。（1）動機／教員の協働的行動の認識ともに「高い」，また（2）動機／教員の協働的行動の認識ともに「低い」に属する生徒をインタビューの対象者として選定した。

（3）質的段階

オープンコードの段階では159のコードが抽出された。その中から，本研究の教員の関わりに焦点を絞り，コードの分類・統合を進め，「教員の協働的行動」には，教員の援助的な行動（教え方，近づきやすさ・助けを求めやすい，時間をとってくれる）と理解を示すこと（寄り添うような，怒らない，個人に目を向ける，待つ時間をもつ）が含まれること，反対に「教員の非協働的行動」には，厳しさ・不満を持ったような行動（すぐ怒る，不公平）と辛抱強くない（生徒が理解しない時に怒る，生徒の声を聞かな

い）が生徒たちに認識されていることが見えてきた。さらに，アキシャルコーディングを通して，教員の協働的／非協働的行動の認識と生徒の学習動機との関係性を整理した。

4．考察[6]

（1）量的段階

結果から見えてきたことは先行研究の結果を確認するものであったが，本研究は教員に親しみを感じたり，彼（女）を援助的である，理解を示してくれると認識している場合に，科学学習の動機が高いことが明らかになった。この点は，先行研究の結果を説明する重要な知見であると言える。

（2）質的段階

科学学習の動機が高く，教員の関わりに関して良い認識を持っている生徒は，科学学習に対する効力感が高く，難しいタスクに対しても自分の力に自信を持っている様子が伺えた。また，問題解決のスキルを用いて内省することで，難しい問題に対応していることがわかった。加えて，科学学習の価値が本質的なもので，それが教員の特徴や教員からの支援と関係していることが見えてきた。

5．研究の限界と今後の展望[7]

理論的・学術的な観点から，教員の生徒との接し方について，学習の効力感と学習の価値認識との関係性を探索してみることが期待される。

教育現場における実践に対する示唆としては，まず，教員が自らの生徒への接し方が，生徒の学習に関して多面的に影響を与えることを再認識すべきである。生徒がサポートを受けやすくすることは重要であるが，一方で依存的になってしまうと解決のスキルを身につけられず，効力感を醸成できないという場合もある。この

5　原著論文ではp.6からp.7まで。Quantitative Phase: Results, p.8, Data Mixing: Participation Selection, pp.9-12, Qualitative Phase: Results が該当。

6　原著論文では p.12 から p.14 まで。

7　原著論文では p.14 から p.16 まで。Theoretical Implication と Implications for Educational Practices の部分の内容。

バランスを取るために，段階的な成功を経験することが必要であると思われる。また，予期せず得られた本研究の副次的知見として，学習動機と教員の関わりの認識に，小学校時代の経験が大きく関係していることがあった。この点から，小学校から中学校への移行が教員との関わり認識や学習動機にとって，鍵となると言える。

6．結論 [8]

中学生期以降の生徒の学習動機をどのように醸成し支援していくかという重要な課題に対して，本研究の結果は，教員の生徒との関わりと科学学習の動機の強い関係性についての知見を提示することができた。

7．引用文献

本章末参照

サンプル論文引用ここまで

■ 3．トレジャーハント（宝探し）

それでは，次にトレジャーハント（宝探し）のための 10 のタスクにうつります。

3.1. タスク 1 ―混合研究法を用いる理由

本文中では，第 1 段階の量的データを第 2 段階の質的探求の段階の参加者選定に活かすという説明的順次モデルの混合研究法を利用したことが述べられています。一般的な説明として，第 2 段階の質的データの分析結果から，前段階の量的データの結果をより明確にしたり，説明することができることに触れています（表 3.1）。しかし，論文内で，このデザインを用いることの有用性やこのような方法で参加者を選ぶ理由については言及されていません。

3.2. タスク 2 ―混合研究法デザインのタイプ

先述のように，本文中で第 1 段階の量的データ

8　原著論文では p.16。

表 3.1　混合研究法を用いる理由を示す記述　出典：Smart (2014)（表中の記述は論文から抜粋・要約した文章の日本語訳。以下同じ。）

p.2（要旨） 著者は，説明的順次デザインを用いて，量的・質的データを 2 段階にわたり収集している。第 1 段階で収集した量的結果に基づき第 2 段階の質的研究の参加者が選定されている。
p.4（研究デザイン） 著者は説明的順次デザイン（Creswell & Plano Clark, 2007）を用いている。このデザインにおける 2 つの段階の統合は，最初の量的段階の結果をもとに第 2 段階の質的調査参加者が選定されることでなされている。第 2 の質的段階は第 1 の量的段階の結果を明確化し，それらを説明するために用いられている。

表 3.2　デザインを示す記述　出典：Smart (2014)

p.4（本研究） 説明的順次デザインに則して，著者は第 1 段階の量的データをもとに第 2 段階の質的研究の参加者を選定している（Creswell & Plano Clark, 2007）。第 1 段階の量的データが，続く質的段階の調査参加者を選定する目的で利用される「参加者選定モデル」（p.4）となっている。 第 1 段階の量的研究における研究設問 ・「中学生レベルの科学を受講する生徒がもつ，教員との関わりに関する認識と，科学を学ぶことに対する受講生の動機との関係はどのようなものか」（p.4）。 第 2 段階の質的研究における研究設問 ・「中学生レベルの科学の受講生がもつ，教員との関わりに関する認識はどのように構築され，これらの認識が科学を学ぶことに対する受講生の動機にどのような影響を与えているのか」（p.4）。

を第 2 段階の質的探求における参加者選定に活かすために，説明的順次デザインが利用されたことが述べられています。なお，ここでは明記されていませんが，本研究の研究設問（リサーチクエスチョン）からも，第 1 段階の量的研究結果の理解を第 2 段階の質的研究で深める目的で説明的順次デザインが選択されていることが推察できます（表3.2）。

3.3. タスク 3 ―研究設問または研究目的

「中学生レベルの科学の受講生の教員との関わりに関する認識と科学（を学ぶこと）の動機，特に効力感，価値，科学を学ぶことの目標指向性との関係性を検証すること」が研究の目的であるこ

とが本文中で繰り返し記述されています。

　また，著者は各段階の研究設問も記述しています。ここで，これまで明記されていなかった質的段階の役割と量的段階との関係性がもう一つ明らかになっています。これまでは，量的段階は質的段階の参加者を選定することだけであるように記述されていましたが，研究設問をみると，量的段階でも関心対象となる変数間の関係性を検証しようとしていることがわかります。さらに，質的段階でも関係性のメカニズムを深堀りするような探索も目的に含まれることが研究設問から読み取れます。

　先行研究に基づき，「協働的な教員との関わりは，中学レベルの受講生が科学を学ぶことの動機（目標指向性，科学を学ぶことの価値（認識），科学を学ぶことの効力感）と正の相関関係にある」という仮説も立てられており，質的研究段階のサンプル選定のためといった目的以上に量的データ分析を重視していることがわかります（表3.3）。

3.4. タスク4―混合型研究の哲学や理論

　混合研究法の哲学や理論他，研究者の考え方についての言及やそれを読み取れる内容はありませんでした。

3.5. タスク5―手続きダイアグラム

　研究の全工程を示すダイアグラムは図3.2のように示されています。どのようなデータを集め，分析を行うのかを見てとることができます。

3.6. タスク6―統合の手続き

　本研究の量的データと質的データの統合は，質的なインタビューの参加者の選定とそれぞれ別々に分析した結果の統合的解釈の2時点であることが記述されています。全体的な流れは，研究全体の工程を図化したダイアグラムの中で示されています。（図3.2参照）

　量的段階では，先行研究に基づき信頼性の確立された尺度を用い，重回帰分析によって関心の対象である生徒の「科学を学ぶ動機」と「教員の関

表3.3　研究目的を示す記述　出典：Smart (2014)

p.1（要旨） 混合研究法を用いた本研究において，著者は，「中学レベルの科学を受講する生徒が教員との関わりについて抱く認識と，科学を学ぶことの動機，特に効力感，科学を学ぶことの価値認識，そして科学を学ぶことの目標指向性との関係性を検証した。
p.1（セクションのタイトルなし） 本研究の目的は，中学レベルの科学を受講する生徒が抱く教員との関わりに対する認識と，科学を学ぶことの動機，特に効力感，科学を学ぶことの価値認識，科学を学ぶことの目標指向性との関係性を検証することであった。
p.4（本研究） 本研究の目的は，中学レベルの科学を受講する生徒が抱く教員との関わりに対する認識と科学を学ぶことの動機，特に効力感，科学を学ぶことの価値認識，科学を学ぶことの目標指向性との関係性を検証することであった。
p.4（本研究） 2つの研究設問を立て，研究を進めた。 最初の量的研究段階の研究設問 ・「中学生レベルの科学を受講する生徒が抱く教員との関わりに対する認識と，科学を学ぶことに対する受講生の動機との関係はどのようなものか」(p.4) 次の質的研究段階の研究設問 ・「中学生レベルの科学を受講する生徒の教員との関わりに対する認識はどのように構築され，彼らの科学に対する（学びの）動機にどのような影響を与えているのか」(p.4) 先行研究を基に，著者が立てた仮説は以下の通りである。 （1）「協働的な教員との関わりは科学を学ぶことの動機（目標指向性，科学を学ぶことの価値認識，科学を学ぶことの効力感）と正の相関関係にある」または「協働的でない教員の関わりは科学を学ぶことの動機と負の相関関係にある」(p.4) （2）「その反対の教師との相互作用は，科学の動機付けと負の相関がある」(p.4)。

わり認識」を捉える下位尺度の検証を行っています。質的段階の参加者の選定に関しては，「教員の関わり認識」に関する下位尺度のうち，「科学を学ぶ動機」と強く関連しているものを特定し，その下位尺度による2軸（「科学を学ぶ動機」「教員の関わり認識」）の総合指標をつくっています。そして，2軸双方が高いまたは低いという極度の2グループのいずれかに割り当てられる生徒をインタビュー調査の対象として選んでいます。

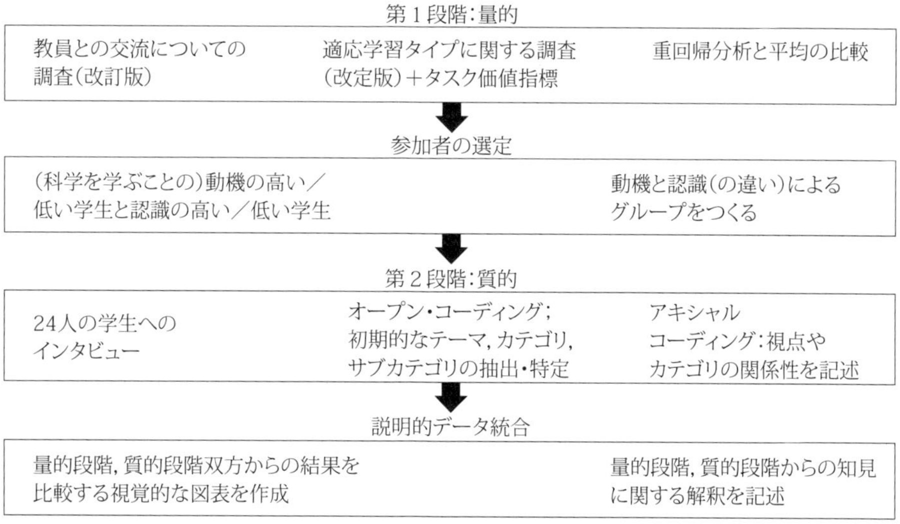

第1段階：量的

| 教員との交流についての調査（改訂版） | 適応学習タイプに関する調査（改定版）＋タスク価値指標 | 重回帰分析と平均の比較 |

参加者の選定

| （科学を学ぶことの）動機の高い／低い学生と認識の高い／低い学生 | 動機と認識（の違い）によるグループをつくる |

第2段階：質的

| 24人の学生へのインタビュー | オープン・コーディング；初期的なテーマ，カテゴリ，サブカテゴリの抽出・特定 | アキシャルコーディング：視点やカテゴリの関係性を記述 |

説明的データ統合

| 量的段階，質的段階双方からの結果を比較する視覚的な図表を作成 | 量的段階，質的段階からの知見に関する解釈を記述 |

図3.2　研究の全工程を示すダイアグラム　出典：Smart (2014), p.5, Figure 1 を本章執筆者が翻訳・作成

解釈レベルの統合の方法については，ダイアグラム内では，「量的段階，質的段階双方からの結果を比較する視覚的な図表を作成」「量的段階，質的段階からの知見に関する解釈を記述」と記載されていますが，具体的な方法に関して本文内での記述はありません（表3.4）。

データ源に関しては，特に量的データに関して詳細に記述されています（表3.5参照）。本研究は先行研究が充実している領域であると言え，理論的にも妥当性を備え，先行研究において信頼性が確立されている尺度が使われている点が特徴的です。

3.7. タスク7―妥当性を脅かす要素

量的データに関する信頼性の検証はされていますが，妥当性に関する言及はされていません。インタビュー調査の対象は中学生であり長時間は難しいことも考えられますが，15～35分のインタビュー調査の中で一人からどの程度話を聴くことができたのか，など疑問の余地があります。また，質的研究では結果の普遍性の追求は問題としない場合も少なくないですが，本研究が米国南東部の一学校区の一中学校で行われたことについて，文化的，社会的な特徴などが結果の中で何らかの役割をしていることはないか，などの点について，原著論文の著者は考察しておくべきだと言えるのではないでしょうか。

3.8. タスク8―厳密なデータ収集法・分析法

量的データに関しては，収集するためのツールである尺度について詳細に検証を行い，信頼性について確かなものであることを示しています。また，データを収集する際に，データにバイアスが生じないように，担当教員のいない状況で読み上げながら生徒たちが回答するというように環境を整え，配慮していることがわかります。尺度の中で独自に開発したものは，複数の関連専門家が関わっていることについても言及しています。分析に関しても，重回帰分析の一連についてどのような分析を行ったか，十分に詳細を説明しています。

質的段階では，インタビューの進め方と質問項目一覧が見て取れる「インタビュープロトコル」を作成し，論文の添付として提示しています。量的段階と同様に，生徒たちのインタビューに対する回答内容にバイアスが生じないような環境を設定しています。データ分析に関して，グラウンデッド・セオリーの方法に即して実施していることがわかるように詳細に記述しています。オープンコーディング，軸足コーディングの2段階の分析，さらに当初から参加者の人数を決定しており，サンプリングの過程そのものは当てはまりませんが，理論的サンプリングの過程の進め方を踏襲す

表 3.4　質的・量的研究の統合を示す記述　出典：Smart (2014)

p.4（研究デザイン） Figure 1 （本章図 3. 2）のデザインに示されるように，著者は説明的順次デザインを用いている。このデザインでは，第 1 段階と第 2 段階の間で行われた参加者の選定と，さらには量的データと質的データを個別に分析した後の解釈レベルで，データの統合がなされていることを著者は報告している。
p.8（データの統合：参加者の選定） 説明的順次デザインの手順に従い，第 1 段階の量的データが第 2 段階の質的部分の参加者選定に活用された。 動機と生徒の教員とのやり取りに関する認識との関係性をさらに検証するために，著者は動機の量的データを分析し，動機と教師の行動に関する認識について特定の報告を行っている生徒を明らかにした。著者は，「生徒の高めあるいは低めの学習動機と関連する彼らの認識に焦点を絞り，これらの変数に関して極めて高いまたは低いケース」(p.8) を選んだ。 著者は，第 1 段階の動機の測定尺度から，目標指向性，効力感，価値観に関する下位項目を使用し，要約得点を算出した。この要約得点を，各生徒を動機に関するプロファイルに振り分ける上で基礎となる変数とした。 量的データの分析において，対人行動の理論的モデル（Wubbels & Brekelmans, 2005）で定義される協働的な教員の行動群を使用した。これらは，学生の動機（習得指向性，効力感，価値認識）と最も相関が高かった。教員の協働的行動に関する生徒の認識は，協力的・親しみの感じられる行動，理解を示す行動，リーダー的な行動の 3 つの下位尺度によって算出された。教員の協働的行動に関する認識の点数が高いほど，その生徒は教員のリーダーシップ，援助性，理解性の領域においてより好ましい認識を有していたことがわかった。 動機と教員の協働的行動認識を要約する点数を算出した後，これらの点数をそれぞれの変数で 4 分位に分割し高位と低位がわかるようにした。研究者によって報告されているように，「参加者番号で特定できる生徒の点数をもとに，動機と認識の組み合わせによって生徒を（1）動機／教員の協働的行動の認識ともに高いグループと（2）動機／教員の協働的行動の認識ともに低いグールプに割り当てた」(p.8)。

表 3.5　量的・質的データ源　出典：Smart (2014) の内容をもとに本章執筆者が作成

第 1 段階　量的データ源	第 2 段階　質的データ源
参加者： 米国南東部学校区内の中学校の 6 年生で科学を受講している生徒 223 名 変数： —教員の関わりの認識に関する尺度（QTI: Wubbles & Brekelmans, 2005）を用いた。QTI は生徒の多様な領域における教員の関わりの認識を捉える 8 つの指標（リーダーシップ，援助性／親しみ，理解性，生徒の自由度，不明瞭性，不満，懲戒性，厳しさ）からなる 48 項目で構成。 —適応学習のタイプに関する尺度（PALS: Midgley et al., 2000）を用いた。PALS は目標指向性の理論に基づき構成され，学習環境と生徒の動機と感情との関係性を測ることを目的とする。5 つの下位指標（個人的な目標達成指向性，教員の目標の認識，クラスの目標構成の認識，達成に関する認識，親と家庭生活の認識）からなる生徒用と教員用のうち生徒用を使用。5 段階のリッカート尺度で回答。 —課題価値尺度は，本研究で独自に開発したもので，科学の活用性と重要性と学習に関するタスクの価値の認識を測る 3 項目で構成。 手順： データ収集 上述の変数となる調査項目を含む質問紙に対して，教員がいない環境下で，科学の時間にクラス全員で研究者が読み進めながら回答。学年の最終学期内にデータを収集した。 分析 上述の尺度のうち PALS の 2 つの下位項目（目標指向性と学習自己効力感）と課題価値尺度を従属変数として，いずれも科学に限定したものとした。QTI の協働的な教員の関わり（リーダーシップ，援助性／親しみ，理解性，生徒の自由度）を独立変数として上記の従属変数に対して重回帰分析を行ない，相関の強い変数を特定。	・第 1 段階の分析結果に基づいて選定された，24 名の生徒の半構造化インタビュー。 ・生徒の教員との関わりの認識と科学に限定した学びの動機の関係性を探索した量的段階の結果に基づいて作成した質問に対する調査参加者の回答。 ・学習の妨げにならない時間で校内のメディアセンターで実施。 ・インタビューの内容を音声録音し，テキスト化した。

表 3.6　厳密なデータ収集法・分析法を示す記述　出典：Smart (2014)

p.5（量的段階：方法） 〈量的データ収集〉 研究者は，科学の時間に教員がいない環境下で，生徒に質問紙調査を実施した。読解能力のレベルをコントロールするために，各質問項目が読み上げられた。データ収集は学年度の最終学期において行われた。
p.6（量的段階：方法－アウトカム尺度－課題価値尺度） 〈量的データ収集〉 本研究のために，研究者は，課題価値尺度を独自に開発しており，これは科学の活用性と重要性と学習に関する課題の価値の認識を測る 3 項目で構成されている。この尺度は Eccles らによる動機づけの期待―価値モデル（Eccles & Wigfield, 1994, 2002）に基づいており，課題価値が中心的概念となっている。
p.6（量的段階：結果－重回帰分析） 〈量的データ分析〉 「教員の協働的・非協働的な行動に対する生徒の認識がどの程度 4 つの従属変数それぞれを説明しうるかを検証するために，重回帰分析を行った」(p.6)。
p.6（量的段階：結果－アウトカムの信頼性） 〈量的データ収集〉 「(PALS 尺度と課題価値尺度の) 信頼性係数は低いものの受容可能な 0.6 から高めの 0.85 までの範囲であった。[…] QTI 尺度の信頼性係数は，低いものの受容可能な 0.64 から高めの 0.86 までの範囲であった」(p.6) と研究者は報告している。
p.8（質的段階：方法－手順） 〈質的データ収集と分析〉 本研究の質的段階のデータは 24 名の生徒のインタビューから得られたものである。生徒を対象とするインタビュー参加者は先述した通りの質問紙調査の結果に基づいて選定された。研究者は，半構造化インタビューのプロトコルを，教師・生徒間の関わりに対する生徒の認識と科学限定的な学びの動機に関する先行研究と本研究の量的段階の結果に基づいて作成した。生徒のインタビューは 15 〜 35 分間でクラスの学習の妨げにならない時間に校内のメディアセンターで実施した。インタビューをデジタル録音し，その後テキスト化するためにコンピュータに移動した。
p.8（質的段階：方法－データ分析） 〈質的データ分析〉 データ分析には，継続的比較法が用いられた。これは Strauss & Corbin (1998) に依拠するデータの継続的な比較である。この分析の方法を使うことで，データを収集しながら，分析により表出してくるテーマと続けて収集されるデータとを繰り返し比較していった。 初期のテーマを後に収集したインタビューデータと繰り返し比較し，カテゴリとサブカテゴリを精緻化していった。研究者は特に，インタビューデータを行ごとに深く分析するためにマイクロアナリシスを使用している。初期のテーマ，カテゴリ，サブカテゴリを特定するためにオープンコーディングが使われ，カテゴリの分類とカテゴリ間の関係性を特定するために，Strauss & Corbin (1998) に従い軸足コーディングが使われた。
p.9（質的段階：結果） 〈質的データ分析〉 コーディングの手順は，生徒へのインタビューの逐語録に対し，創発的なコーディングと，教員との関わりの認識と科学学習動機に関連する初期的概念に名前をつけるコーディングを用いてすすめた。初期のオープンコーディングによって，159 のオープンコードが抽出された。研究者は，「これらのコードは教員との関わりの認識と科学学習の動機に関わる概念の視点の広さを示すと言える。テーマを統合し，カテゴリとした。この過程を経て，テーマを統合した概念に分類し，テーマをより凝集した単位にした」(p.9) と報告している。 分析の目的は，生徒が抱く教員との関わりの認識の特徴を明らかにすることであった。後続の軸足コーディングの段階は，生徒の動機と教員との関わりの認識の関係性を明らかにするために用いられた。

るように，分析と収集を並行して行ったことがわかります。データ分析の過程においてコーディングが適切かどうか，一貫性が確保されているかなどを確認する方法（例えば，コーディングを複数名で行い，クロスチェックするなど）に触れられていないのが残念な点です（表 3.6）。

3.9. タスク９─報告のレベルにおける統合

　本研究の場合，質的データの解釈に力点が置かれており，解釈・報告のタイプとして「ナラティブ」が該当すると言えます。さらに，方法から結果，そして考察（Discussion）まで量的段階と質的段階が分けて提示されており，全体を通してナラティブタイプの中でも「隣接アプローチ」が該当すると言えそうです。一方，研究全体の工程を示す手続きダイアグラム内において，「量的段階，質的段階双方からの結果を比較する視覚的な図表を作成」とあり，これは「ジョイントディスプレイ」による織り込みアプローチが用いられているとも言える箇所です（原著論文 p.13. Figure 3. 本章表 3. 7 を参照）。この図では，量と質両方のデータから見えてきた結果が，テーマや概念別にまとめられています。量的データの結果が活かされているのは，テーマ・概念別に見られる違いを明らかにするグループの特定の部分だけですので，

表 3.7　動機／認識　分類による比較　出典：Smart (2014), p.13, Figure 3 を本章執筆者が翻訳・作成

（1）動機／教員の協働的行動の認識ともに高い	
協働的行動	協働的な行動に関して詳しく多くの表現があった 役立つ教え方をしてくれる教員に関して具体的な例を示し，クラスの時間内外で親しみやすく，時間を取ってくれると認識している クラスが手に負えなくなった時も必要に応じて，秩序を保つことが教員の統制の役割であると認識している
非協働的行動	ほとんど言及されなかった 好ましくない教員の行動は，クラス全体に関することで言及された
科学学習の効力感	科学学習と難しいタスクに関して効力感が高い 科学学習の効力感に教員の要因が関連している傾向が見られた 難しいタスクに対する効力感が非常に高く，そのようなタスクにうまく対応する具体的な戦略を持っていた（役に立つ資源を探す，仲間のサポートを得るなど）
科学学習の価値	本質的で実利的な高い価値を感じている（現在と将来） 自らを取り巻く世界を理解する方法として科学に価値を置く キャリアの目標に対して科学（学習）が妥当であると表現する
（2）動機／教員の協働的行動の認識ともに低い	
協働的行動	協働的な行動に関してあまり言及がない 教員の統制に関し悪く評価し，好ましくない行動の対価として生徒を立たせておくという教員の例が出された
非協働的行動	詳しい非協働的な行動について多くの言及があった 個人的な経験に基づく非協働的な教員の行動を思い出していた
科学学習の効力感	科学学習に対する効力感がとても低い 中学校の科学における最も要求度の高い科目に遅れずについていくことに対して，低い自己効力感を感じている様子を読み取れる 科目の内容の中で増していく難しさに対して，自信をもてないこと，そして教授の方法の変化が，講義と興味をそそられない活動と関連している傾向が見られた 複雑なタスクに向き合う効率的な戦略を持ち合わせていない；個別の課題に対して，教員補助員に頼る
科学学習の価値	（教員の要因による）本質的，実利的な価値を見いだせていない（現在と将来双方において） 科学の知識はクラス内の活動や宿題を完了するためだけに重要なものとして認識している 将来の目標とは無関係，無縁のものと認識している 科学に対する悪い印象は主に教員の要因と関係している

量的なデータの統合過程での活用において網羅性に欠け，厳密に言うと「織り込みアプローチ」とは言えないかもしれません。論文内ではこの図により，量的段階で分類され，インタビューの対象となった生徒の2つのグループ（教員の関わりの認識及び動機ともに高いまたは低いグループ）について，質的段階で得られたグラウンデッド・セオリーの軸足コーディングの結果をまとめています。Figure 3（本章表3.7）では研究における中心概念（変数）ごとに整理されており，考察のまとめ方としては分かりやすいものになっています。量的・質的データ双方から得られた解釈・報告として，読者にとって腑に落ちやすいものになっているという点で，この「織り込みアプローチ」に準ずる試みは功を奏していると言えるでしょう。

3.10. タスク10—混合研究法を用いたことによるシナジー

　混合研究法を用いて得られた結果の優位性や特長について，著者であるSmartは言及していません。とはいえ，本研究において混合研究法を用いたことで得られたシナジーは，前述のFigure 3（本章表3.7）に凝縮されていると言えます。すなわち，量的データを用いて対比の対象（グループ）を明確にすることで，関心のあるテーマ・概念におけるグループ間の違いを浮き彫りにすることができたという点です。また，本研究では質的段階に重点が置かれていますが，先行研究により確立された尺度を用いた量的段階から導かれた結果に基づき，実はグループを特定するにとどまらず，尺度の基になっている概念に沿って，質的段階も進めています。この点で，結果が関心の中心になっている生徒の学習に関する理論の構築や磐石化に貢献する知見を効果的に示すことができていると言えます。

3.11. その他

　説明的順次デザインの本研究は，量的データと質的データの結合に関して，特に第2段階の質的データ収集と分析の対象者を選別するところに力

点が置かれていると言えます。この接続が本研究の最終的な知見として重要な役割を果たしています。一方，説明的順次デザインを用いながら，不十分だと思われるのは，量的段階の結果を説明するように，質的段階の結果を統合させるという部分です。先述したように，報告レベルで「織り込みアプローチ」的に提示されたFigure 3（本章表3.7参照）は分かりやすくまとめられ，有用な知見であると言えます。一方，全体を通して質と量を異なるセクションにまとめる「隣接アプローチ」で結果とディスカッションが進められています。

■ 4．まとめ

　「宝探し」によって，研究の内容より方法に目を向けてみることで，検証の対象とした本研究に関して，以下のような気づきを得ました。

・本研究は，混合研究法の有用性を強調していない（デザインを選んだ理由，シナジー効果に関する記述なし）
・量的・質的いずれの段階も，丁寧にデータ収集を行い，信頼性は高い。
・データ分析においては，量的データに関しては妥当性，信頼性ともに高いと言える。しかし，質的データに関して過程をしっかり記述されている点は高く評価されるが，コーディングを複数名で行うなどして分析の結果を確認する方法に関する言及がない点が残念である。
・説明的順次デザインの一般的な利用目的である，参加者選定とメカニズムの深層探求のうち，後者については，統合が道半ばである印象を受ける。
・本研究から得られた知見の妥当性や理論化を考察するときに存在する限界に対して言及がない。

　上述の内容には欠点も含まれています。しかし，現実的に考えると私自身も経験があるのですが，ジャーナル論文の限られたページ数内の紙面で，

混合研究法による研究全体を丁寧に報告するのは容易ではありません。このような点から本研究は幾分記述が足りないところがあるものの，丁寧にわかりやすく方法と結果を報告しているという点で学ぶべき点も多いと言えます。

引用文献

Creswell, J. & Plano Clark, V.（2007）. *Designing and Conducting Mixed Methods Research*. SAGE.

Eccles, J. S. & Wigfield, A.（1994）. Children's competence beliefs, achievement values, and general self-esteem: Change across elementary and middle school. *Journal of Early Adolescence, 14*(2). 107-138.

Eccles, J. S., & Wigfield, A.（2002）. Motivational beliefs, values, and goals. *Annual Review of Psychology, 53.* 109-132.

Midgley, C., Maehr, M. L., Hruda, L. Z., Anderman, E., Anderman, L., Freeman, K. E., Gheen, M., Kaplan, A., Kumar, R., Middleton, M. J., Nelson, J., Roeser, R., & Urdan, T.,（2000）. *Manual for the Patterns of Adaptive Learning Scales (PALS)*. Ann Arbor. MI: University of Michigan.

Smart, J. B.（2014）. A Mixed Methods Study of the Relationship between Student Perceptions of Teacher-Student Interactions and Motivation in Middle Level Science. *RMLE Online, 38*(4). 1-19. https://doi. org/10. 1080/19404476. 2014. 11462117.

Strauss, A. & Corbin, J.（1998）. *Basics of Qualitative Research: Techniques and Procedures for Developing Grounded Theory*. SAGE.

Wubbels, T., & Brekelmans, M.（2005）. Two decades of research on teacher-student relationships in class. chapter 1. *International Journal of Educational Research, 43*, 6-24.

探索的順次デザイン論文の トレジャーハント

稲葉光行

1．探索的順次デザイン[1] の特徴

　本章では，混合研究法の探索的順次デザインを取り上げます。探索的順次デザインは，質的アプローチによって見出された課題に対する洞察を基に，適切な尺度や介入の開発を目指す研究に用いられます。

　探索的順次デザインでは，第 1 段階において質的データ収集と分析による課題の探索が行われます。それに続いて，質的分析の結果を基にした測定尺度や新たな介入が開発されます。さらに第 3 段階の量的段階では，新たな測定尺度の検証などが行われます（Creswell, 2015 抱井訳 2017）。

2．サンプル論文の特徴

　本章で取り上げる探索的順次デザインに関するサンプル論文は，シンレィ＆アルブレヒト（Sinley & Albrecht, 2016）による，ネイティブ・アメリカンの子ども達の果物・野菜の摂取という課題を扱ったものです。本論文の著者であるレイチェル・C. シンレィ氏（Rachael C. Sinley）とジュリー・A・アルブレヒト氏（Julie A. Albrecht）は，2015 年の時点で，米国ネブラスカ大学リンカーン校（University of Nebraska. Lincoln）の栄養学・

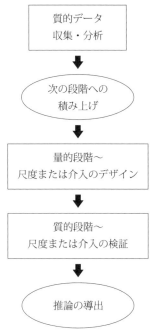

図 4.1　探索的順次デザインのダイアグラム　出典：Creswell (2015 抱井訳 2017), p.47

健康科学部に所属する研究者です。

　本サンプル論文は，栄養学・健康科学に関わる専門用語が含まれてはいますが，そこで扱われている課題は，子ども達の果物・野菜の摂取という身近な話題です。また，混合研究法の標準的な手引書（Creswell & Plano Clark, 2007; 2011）を参考にしていることから，栄養学・健康科学の専門家でなくても研究の過程を理解することは難しくありません。さらに本論文では，研究の手続きを示したダイアグラムや，量的・質的データセットの統合を視覚化したジョイントディスプレイなど，最新のツールも含まれており，探索的順次デザインの実践例として大いに参考になる論文だと

1　以下で紹介するサンプル論文の中では，使用した混合研究法の基本デザインについて，exploratory sequential design, exploratory sequential mixed methods design, exploratory sequential mixed methods research design などいくつかの異なる表記が用いられています。これらは概念的には同一のものであるため，本章の日本語訳では統一して「探索的順次デザイン」という語句を用います。

言えます。

　まず，以下に示した，シンレィらによるサンプル論文の縮小版を読んでください。これは，トレジャーハントのタスク用に，原著論文（英語）の骨子を短くまとめたものです。論文の概要を理解した後，宝探しに挑戦してみましょう。

サンプル論文（縮小版）

シンレィ，R. C. & アルブレヒト，J. A.（2016）「ネイティブ・アメリカンの子ども達の果物・野菜摂取に対する理解：混合研究法による調査」. アペタイト. 101. 62-70.（抜粋）

原著論文書誌情報：Sinley, R. C. & Albrecht, J. A. （2016）. Understanding fruit and vegetable intake of Native American children: A mixed methods study. *Appetite, 101.* 62-70.

キーワード：Native American. Mixed methods. IMB model. Fruits. Vegetables. Children. Caregivers

1．はじめに[2]

　ネイティブ・アメリカンの子ども達は，他の民族グループの子ども達と比べて肥満や慢性疾患のリスクが高いという問題を抱えている。しかし米国の他の民族グループと比較して，ネイティブ・アメリカンの栄養状態の改善を目的とした研究は少ない（Fialkowski, Okoror, & Boushey, 2012[3]）。このような背景から，本研究では，混合研究法の探索的順次デザインを用いて，2歳から5歳までのネイティブ・アメリカンの子ども達の果物・野菜の消費について調査した。

2．方法[4]
a．デザイン

　本研究では，問題に対するより深い理解を目指し，質的・量的データの収集・分析・統合の

ために，Creswell & Plano Clark（2007[5]）が示した混合研究法の枠組みを採用した。この枠組みを使うことで，研究者は，単独の質的あるいは量的手法では対処できない疑問に答えるために，さまざまな戦略を使うことができる。本研究では，混合研究法の具体的な戦略として，探索的順次デザインを採用した。

　探索的順次デザインは，ネイティブ・アメリカンの子ども達による果物・野菜の消費行動を理解するといった課題のように，適切な量的尺度が利用できない場合に有用であるとされる（Creswell & Plano Clark. 2011[6]）。このアプローチには3つの段階がある。第1段階は質的調査，第2段階はそれらの知見に基づく新しい量的尺度の開発，そして第3段階は量的手法による評価尺度の適用である（Creswell & Plano Clark, 2011）。

　本研究では，変革のための尺度開発を目指す探索的順次デザイン（transformative exploratory sequential instrument design[7]）という考え方に従って，最初に質的データの収集を行い，量的尺度の開発に取り組んだ。また，ネイティブ・アメリカンの集団内の健康格差の理解を目的として，情報－動機－行動スキル・モデル（Information-Motivation-Behavioral Skill Model。以下，IMBモデル）の枠組みに基づいたデータ収集と分析に取り組んだ。

b．研究対象
（1）質的調査

　本研究の質的調査では，ネイティブ・アメリカンの2～5歳の子どもの主たる保護者だと申告した参加者（n=45）から構成される6つのフ

2　原著論文では p.62 から p.63 まで。

3　章末引用文献参照。

4　原著論文では p.63 から p.65 まで。

5　章末引用文献参照。

6　章末引用文献参照。

7　混合研究法の応用型デザインの一つに，社会変革を目指す変革デザイン（transformative design）がある。本研究では，この変革デザインと同様に社会変革を目的とした尺度開発を目指していることから，変革デザインと探索的順次デザインの両方の特徴を持つという意味で，変革のための尺度開発を目指す探索的順次デザインという名称を用いている。

ォーカス・グループを実施した。それぞれのフォーカス・グループの人数は3～12人であった。

また，ネイティブ・アメリカンのコミュニティ関係者(n=10)へのインタビューを実施した。ここでの参加者は，ネイティブ・アメリカンのコミュニティでさまざまな役職を歴任し，そこで児童や家族と交流した経験を持つ人々であった。

（2）尺度開発・パイロットテスト

次に，質的調査段階で得られたデータを基に，IMBモデルに基づく調査尺度の開発に取り組んだ。そのパイロットテストを，ネイティブ・アメリカンの住民にサービスを提供するコミュニティセンターにおいて口コミで募集された，ネイティブ・アメリカンの子ども達の保護者（n=16）に対して行った。

（3）改定されたIMB調査票に基づく量的調査

その後，改定されたIMB調査票に基づく量的調査が，2歳から5歳のネイティブ・アメリカンの子どもを持つ，英語を話す保護者という便宜的サンプル（n=92）を対象に行われた。参加者は，ネイティブ・アメリカンの血を引く女性が主であった。調査の時点で，参加者の約4分の1が高校の卒業証書を持ち，3分の1以上が大学の教育課程で学んでいた。約半数がフルタイム雇用，それ以外は，退職者（16.7％），学生（15.5％），失業者（11.9％），及びパートタイム（7.1％）であった。年齢は17歳から87歳（平均40.4歳）であった。参加者が養育した子どもの数は1.0から7.0（平均2.5），子どもの平均年齢は6.5歳であった。

c．手続き

（1）質的データ収集

6つのフォーカス・グループが，コミュニティカレッジやヘッド・スタート（就学援助）センターなどのコミュニティ施設で集められた。それぞれのフォーカス・グループには，ネイティブ・アメリカンの2～5歳の子どもの主たる保護者だと申告した3～12人の参加者がいた

（n=45）。参加者は，場所と利便性によって，どのフォーカス・グループに参加するかを自ら指定した。また，コミュニティの関係者に対する10回のインタビューが，オフィスビルの個室などの対象者が指定した場所で行われた。

フォーカス・グループ及びインタビューの開始前に，インフォームド・コンセントが書面で入手された。全てのフォーカス・グループとインタビューのセッションはデジタルデータとして記録され，逐語録が作成された。フォーカス・グループセッションの時間は35～75分，インタビューは20～60分であった。

フォーカス・グループとインタビューでの話し合いの補助手段として，手順書が作られた。そこには，IMBモデルに基づいて，ネイティブ・アメリカンの子どもや保護者の果物・野菜の摂取に関する認識についての質問が含まれていた。これらの質問は，コミュニティの関係者によって検討され，その結果に基づいて修正がなされた。フォーカス・グループ・セッションは，標準的なフォーカス・グループの実施手引（Krueger & Casey, 2000[8]）に従って行われた。調査結果の信憑性（Krefting, 1991[9]）を高めるために，各フォーカス・グループの最後に，ファシリテーターがセッションを要約し，発言内容の確認と明確化を行った。インタビューでは，Merriam（2009[10]）が提案したオープン・エンディッドな質問についてのガイドラインを使用した。フォーカス・グループとインタビューは，飽和状態への到達（Krueger & Casey, 2000）という判断に至るまで行われた。

（2）尺度開発・パイロットテスト

質的段階のデータに基づき，IMBモデルに基づく調査尺度の開発が行われた。IMBモデルの各構成要素（情報，動機，行動スキル）は，サブスケールとして調査尺度に含まれた。質問紙では，全てのサブスケールに関する質問に対し

8　章末引用文献参照。
9　章末引用文献参照。
10　章末引用文献参照。

てリッカート形式での回答が用意され，サブスケールのスコアが高いほど，正確な情報を持ち，強い動機があり，高い行動スキルを持つことを表す形とした。エキステンション教育の従事者，コミュニティの関係者，質問紙開発の専門家を含む専門委員会によって，文化的妥当性に関する検討と修正が行われた。栄養学の専門家による内容妥当性の検討によって，調査項目の明瞭さ，構成要素の適切さ，及び代表性（McGartland, Berg-Weger, Tebb, Lee, & Rauch, 2003[11]）に関するフィードバックが行われた。

質問紙のパイロットテストは，ネイティブ・アメリカンの住民にサービスを提供するコミュニティセンターにおいて口コミで募集された，ネイティブ・アメリカンの子ども達の保護者（n=16）に対して行われた。このパイロットテストでは，参加者の負荷や，開発された尺度の調査対象に対する適合性の確認が行われた。パイロットテストの参加者は，読みやすさと内容妥当性に関するフィードバックを提供した。また参加者は，パイロットテスト参加に関するインフォームド・コンセントを提出し，20ドルのギフトカードを受け取った。

（3）量的データ収集

量的データは，2～5歳のネイティブ・アメリカンの子どもを持つ英語話者の保護者という便宜的サンプルから収集された（n=92）。IMBモデル調査は，修正版果物・野菜消費スクリーナー調査（Thompson et al., 2002[12]）と人口統計調査に基づいて実施された。この調査は，ネブラスカ州全域のネイティブ・アメリカンのコミュニティにサービスを提供する居留地・コミュニティセンターで開催された健康フェア，及び他のコミュニティイベントの中で実施された。データ収集に際して書面による同意書が全参加者から提出された。参加者は2歳から5歳のネイティブ・アメリカンの子どもの保護者に限ら

れた。この年齢層に該当する複数の子どもの養育に関わっている場合，参加者は，最も若い子どもに関する回答を行うこととした。調査への報酬として，参加者は，果物・野菜を使った料理のレシピ，小冊子，及び10ドルのギフトカードを受け取った。

d．分析

（1）質的データ分析

ネイティブ・アメリカンの子ども達（n=45）の保護者に対するフォーカス・グループ，及びネイティブ・アメリカンのコミュニティ関係者（n=10）へのインタビューは，飽和状態への到達（Krueger & Casey, 2000[13]）に至ったと判断されるまで行われた。音声記録は逐語録として文字起こしされ，データ分析のためにNVivo（バージョン9）に入力された。逐語録は，質的内容分析戦略（qualitative content analysis strategies）（Krippendorff, 2003[14]）を用いて分析された。

（2）尺度開発・パイロットテスト

質的データ分析の結果に基づき，IMBモデルの調査尺度に関する分析が行われた。パイロットテストの結果に基づいて，質問数が58から37に短縮され，最終的な尺度は情報に関する10項目，動機に関する13項目，及び行動スキルに関する14項目となった。動機（r=0.711）と行動スキル（r=0.865）については良好な内的整合性（internal consistency）（Creswell, 2005[15]）が示された。一方，情報（r=0.521）についてはアルファ係数がやや低めであったが，これは果物・野菜に関する情報の不足を評価することの必要性を示した質的段階での知見（Sinley & Albrecht, 2015a[16]）に対応している。

（3）量的データ分析

多変量線形回帰分析（multivariate linear regression）を用いて，保護者の果物・野菜に関連する情報，動機，行動スキル，及び子ども

11　章末引用文献参照。
12　章末引用文献参照。
13　章末引用文献参照。
14　章末引用文献参照。
15　章末引用文献参照。
16　章末引用文献参照。

の果物・野菜の消費の間の関連性が分析された。IMBモデルのパラメータを推定するためにパス解析が行われ，各パスの直接関連性及び標準誤差が導出された。間接関連性は，所定の経路に沿ったパラメータ推定値の積として算出された。標準化係数，非標準化係数，及びp値が算出された。直接及び間接の関連性は，$p<0.05$で有意とみなされた。モデルの分析にはMplus（バージョン7.11）を用いた。デモグラフィック変数の記述統計には，社会科学統計パッケージ（Statistical Package for Social Sciences）（バージョン19）が使用された。これらの量的データ収集及び分析戦略の詳細は，別論文（Sinley & Albrecht. 2015b[17]）で述べられている。

（4）混合研究法によるデータ分析

　量的データの収集と分析の後，研究者らは，質的調査の知見に戻り，IMBモデルの枠組みにおいて，それらの2つの段階の結果を比較した。多変量線形回帰分析とパス解析で得られた知見が，質的フォーカス・グループ及びインタビューから得られたテーマや文章群と比較された。最終的な分析と解釈の段階では，質的段階と量的段階での議論のポイントが収束する領域が検討された。これらを接合したデータがIMBモデルの枠組みの中で解釈され，2つの段階間の不一致を説明するために，ネイティブ・アメリカンの子ども達の果物と野菜の消費というトピックに関連したIMBモデルの修正案が提案された。

3．結果[18]

　本研究では，質的・量的分析が順次的に行われているが，その結果の検討では，量的分析の結果を受けた質的調査の結果の検討という，スパイラルな考察が行われている。以下にこれらの分析・考察の結果の概要を示す。

（1）量的データ分析の結果

量的段階では，IMBモデルに基づき，ネイティブ・アメリカンの保護者と子ども達の情報，動機，行動の関係性について，多変量線形回帰分析とパス解析によって分析が行われた。その結果，統計的有意差が見られたのは以下の4つであった。

a. 保護者が果物・野菜について持つ情報は，保護者の果物・野菜に関わる動機と有意に関連していた（$\beta =0.348$）

b. 保護者の果物・野菜に関わる動機は，保護者の果物・野菜に関連した行動スキルと有意に関連していた（$\beta =0.666$）。

c. 保護者の果物・野菜に関連した動機は，子どもの果物・野菜の摂取と有意に関連していた（$\beta =0.294$）。

d. 保護者の果物・野菜に関連する行動スキルは，子どもの果物・野菜の摂取と有意に関連していた（$\beta =0.442$）。

（2）質的データ分析の結果

　量的分析の結果と質的データとの比較検討の結果は，ネイティブ・アメリカンの子どもの果物・野菜摂取の問題に対するIMBモデルの有効性を支持するものであった。さらに質的データを検討した結果，特に上のc.の結果，つまり，保護者の果物・野菜に関連した動機と子どもの果物・野菜の摂取との関係には，より複雑なメカニズムがあることが示唆された。具体的には，保護者の動機と子どもの果物・野菜の摂取の間に，保護者が果物・野菜の保存や調理に関わる行動を取る際の行動スキルという，間接的な経路が介在している可能性が示された。

（3）量的結果と質的結果の統合

　本研究では，質的・量的分析の順次的な実施の後，質的段階と量的段階の結果が収束・発散するポイントについてスパイラルな検討がなされた。これらの検討はIMBモデルの枠組みに基づいて行われた。

　オリジナルのIMBモデル（本章図4.2）は，情報と動機を並列的に機能するものとしていた

17　章末引用文献参照。

18　原著論文ではp.65からp.67まで。

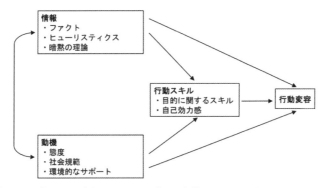

図 4.2　果物・野菜摂取に関するオリジナルの IMB モデル　出典：Sinley et al. (2016), p.68, Figure 3 を本章執筆者が翻訳。

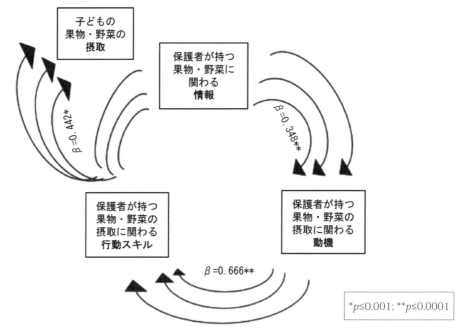

*p≤0.001; **p≤0.0001

図 4.3　ネイティブ・アメリカンの子どもの果物・野菜摂取に適した修正版 IMB モデル　出典：Sinley et al. (2016), p.68, Figure 2 を本章執筆者が翻訳

（Fisher, Fisher, & Shuper, 2009[19]）。本研究では，量的段階と質的段階の間の不一致を説明するために，ネイティブ・アメリカンの子ども達の果物・野菜の消費に関する修正版 IMB モデル（本章図 4.3）が提案された。修正版 IMB モデルでは，情報，動機，行動スキルという構成要素間の関係性について，より動的なプロセスがあることが示された。

4．考察[20]

　ネイティブ・アメリカンの子ども達の果物・野菜の摂取に影響を与える要因は，現時点ではほとんど知られていない。本研究では，2歳から5歳のネイティブ・アメリカンの子どもの保護者が持っている，果物・野菜に関連する情報，動機，及び行動スキルについて調査し，これらの要素が，子ども達の果物・野菜の摂取にどのように影響するかを探索した。本研究では，これらの要素同士の複雑な相互作用を探求するこ

19　章末引用文献参照。

20　原著論文では，p.67 から p.69 まで。

とで，果物・野菜を中心とした栄養介入や教材開発の可能性を拓いた。

本研究では，質的及び量的データを詳細に分析することにより，収束的・発散的な知見を得ることができ，またそれによって，IMBモデルの各構成要素と，この母集団における果物・野菜の摂取量との間の動的関係についての理解を深めることができた。

5．研究の限界と今後の展望[21]

本研究では，質的及び量的段階の両方で，便宜的サンプリングを用いた。そのため調査結果の一般化可能性に制約がある。しかし，本研究の参加者らは，グレート・プレーンズ族の代表であり，主要なネイティブ・アメリカンの部族の代表でもあるため，本研究の結果は，中西部の州での栄養プログラム開発の検討に有用である可能性がある。また本研究の量的段階では比較的小規模なサンプルサイズを扱っていたが，本研究で実施された統計分析に必要な効果を検出するには十分であった。

本研究は，研究者によって確立された信頼や地域の関係者とのパートナーシップの発展など，多くの強みを持っていた。変革のための尺度開発を目指す探索的順次デザインの採用も強みの一つである。この研究デザインを採用することで，研究者は，最終的に摂取量を増やし，栄養に関連する健康格差を減らすことを目的として，ネイティブ・アメリカンの子ども達の果物・野菜の消費の問題を深く探求することができた。また研究者らは，質的手法と量的手法を組み合わせることにより，果物・野菜の消費に影響を与える複雑な関係について，量的または質的手法を単独で用いるよりも詳細に理解することができた。

6．結論[22]

本研究は，果物・野菜に関する保護者が持つ情報，動機，及び行動スキル，そしてネイティブ・アメリカンの子ども達の果物・野菜の摂取との間に，複雑な関係性があることを明らかにした。保護者の役割モデル，調理スキル，及び自己効力感は，子どもの果物・野菜の摂取に直接影響する。保護者の態度やソーシャルサポートは，行動スキルに直接影響を与える。果物・野菜の摂取の推奨と利点に関して保護者が持つ情報は，果物・野菜に関する保護者の態度と動機に直接影響を与える。本研究では，これらの調査結果を説明する修正版IMBモデルが開発された。本研究の対象者らが直面する健康格差を減らし，ネイティブ・アメリカンの子ども達の果物・野菜の摂取を増やすためには，保護者の果物・野菜に関する情報，動機，及び行動スキルの向上に取り組むプログラムの開発が不可欠である。

7．引用文献

本章末参照。

サンプル論文引用ここまで

■　3．トレジャーハント（宝探し）

それでは，次にトレジャーハント（宝探し）のための10のタスクにうつります。

3.1. タスク1―混合研究法を用いる理由

タスク1は，「混合研究法を用いる理由・根拠を見つける」でした。どのような動機によって，研究チームは本研究において混合研究法を用いたのでしょうか。

ここでは，「問題をよりよく理解するために，質的及び量的データを収集し，分析し，統合するために混合研究法を利用した」こと，またそれによ

21　原著論文では p.69。

22　原著論文では p.69 から 70。
23　章末引用文献参照。

表 4.1　混合研究法を用いる理由を示す記述　出典：Sinley et al. (2016)（表中の記述は論文から抜粋・要約した文章の日本語訳。以下同じ。）

p.63（2.1　研究デザイン） Creswell & Plano Clark（2007[23]）を引用しながら，研究チームは本研究で混合研究法を用いたことを報告している。研究課題をよりよく理解し，単一の研究アプローチのみでは得られなかったであろう研究の問いへの解を得るために，いかにして質的及び量的データを収集，分析，統合するかを示している。ここでは，探索的順次デザインが使用されている。

って研究者は，「質的または量的方法だけでは対処できない質問に答えるために，さまざまな戦略を採用することができる」ことが述べられています（表4.1）。

3.2. タスク2―混合研究法デザインのタイプ

　タスク2は，「混合研究法のデザイン・手続きを見つける」です。これは，「混合研究法の介入デザイン」が見つけ出すべき宝となります。

　研究チームによる原著論文には，以下の2箇所に混合研究法デザインについての言及があります（表4.2）。最初は「要旨」（Abstract）の中で，2つ目は「研究デザイン」（Study Design）のセクションの中で触れられています。本論文では，要旨の冒頭で，探索的順次デザインという語が用いられ，また本文中では，それに加えて変革のための尺度開発を目指す探索的順次デザインという語句も使われています。これらによって，本研究が，将来の介入開発を目指していることが示されています。このようなデザインの説明，及びそのゴールを示すことは，混合研究法に精通していない読者の理解の手助けとなります。

3.3. タスク3―研究設問または研究目的

　タスク3は，「混合研究法の研究設問あるいは目的を見つける」でした。研究チームによる論文では，「要旨」と「はじめに」の2箇所で研究目的に関する言及を見つけることができます（表4.3）。

3.4. タスク4―混合型研究の哲学や理論

　タスク4は，「混合型研究の哲学や理論を見つ

表 4.2　デザインを示す記述　出典：Sinley et al. (2016)

p.62（要旨） 研究チームによる本研究目的は，探索的順次デザインを使用することによって，2歳から5歳までのネイティブ・アメリカンの子ども達の果物・野菜の消費について調査することである。
p.63（2.1　研究デザイン） 研究チームはこの研究で探索的順次デザインを採用している。ネイティブ・アメリカンの子ども達による果物・野菜の消費を調査する上で適切な量的尺度がないため，このデザインは有用であると強調している。3つの段階から成り，質的調査から始まるこのアプローチの使用について研究チームは説明している。最初に得られた質的調査の結果をもとに新しい量的尺度の開発が行われ，最後の量的段階において尺度を利用した調査が実施される。
研究チームはさらに，変革のための尺度開発を目指す探索的順次デザインを採用したことを報告している。本研究は，最初に質的データの収集を行い，量的尺度の開発へと進んでいるが，その上で全てのデータ収集と分析が情報－動機－行動スキル・モデルの枠組みで行われている。変革アプローチに従い，研究チームはネイティブ・アメリカンの集団内健康格差問題への取り組みを研究の明確なゴールとして掲げている。

表 4.3　研究目的を示す記述　出典：Sinley et al. (2016)

p.62（要旨） 研究チームによる本研究の目的は，探索的順次デザインを使用することによって，2歳から5歳までのネイティブ・アメリカンの子ども達の果物・野菜の消費について調査することである。
p.62（1. はじめに） 研究チームによる本研究の目的は，ネイティブ・アメリカンの子ども達の保護者に対して，果物・野菜に焦点を当てた栄養学的な介入開発のために，混合研究法による形成的研究（formative research）を行うことである。

ける」です。クレスウェル（2015 抱井訳 2017）が述べているように，哲学や理論については，混合型研究の全ての論文に記載があるわけではありません。本論文でも，研究の哲学的背景は明示されていません。

　しかし「はじめに」の章で，本研究が目的とするネイティブ・アメリカンの子ども達の健康行動の改善に向けて，理論やガイドラインに基づいたプログラムを前提とする必要があると述べています。そして理論やガイドラインについては，本研

表4.4　混合型研究を支える哲学・理論を示す記述　出典：Sinley et al. (2016)

---

p.63（1. はじめに）

Fialkowski, Okoror, & Boushey（2012[24]）を引用しながら，研究チームは，米国の他のグループと比較して，特にネイティブ・アメリカンの栄養状態の改善を目的とした介入がほとんど開発されていないことを報告している。ネイティブ・アメリカンを対象としたプログラムを成功させるためには，コミュニティのメンバーがプログラムの開発と実施に関与する必要があることを研究チームは強調している。さらに，研究チームはそのようなプログラムを開発及び評価するためにより厳密なデザインを採用しなければならないとする先行研究（Baranowski, Anderson, & Carmack, 1998[25]; Satterfield et al., 2003[26]）にも言及している。さらに研究チームは，文化的側面もまたプログラム開発と実施のあらゆる部分において考慮されなければならないことと，コミュニティメンバーからの勧告がプログラム開発に用いられることが重要であること（Kautz & Longstaff, 2004; Roubideaux et al., 2000）についても強調している。

究は「IMB モデル」の枠組みに基づいています。

また同じく「はじめに」の章で，ネイティブ・アメリカンのコミュニティメンバーがプログラム開発と実施に関与する必要があることと述べています（表 4.4）。

これは，社会的文脈を超えた一般化可能性を持つ理論の構築を目指すのではなく，研究参加者らの主観によって構成された世界観や価値観を重視するという姿勢を示すものです。その意味において，本研究は，現実が主観に依って構成されるという社会構成主義の視点にも依拠していると言えます。

さらにそれらの根底には，ネイティブ・アメリカンの子ども達の健康向上という現実の問題解決に有用な視点や知識を総動員するプラグマティズム的な発想があると言えるでしょう。

3.5. タスク5―手続きダイアグラム

タスク5は，「混合型研究のプロセスを描いたダイアグラムを確認する」でした。ダイアグラムと

24　章末引用文献参照。
25　章末引用文献参照。
26　章末引用文献参照。

は，混合型研究の実施プロセスをわかりやすく時系列に並べ，各段階でどのような作業を行い，どのような成果物を得るかといった手続きの流れを簡潔に図式化したものです（Creswell, 2015 抱井訳 2017）。

研究チームによる論文には，p.64 に「アメリカネイティブ・アメリカンの子ども達の果物・野菜摂取量の調査に関する変換的探索順次混合法プロジェクト」というタイトルで，研究の流れが視覚的に理解できる，手続きダイアグラムが示されています。このような手続きダイアグラムによって，混合型研究のプロセスを読者にわかりやすく伝えることができます（図 4.4）。

3.6. タスク6―統合の手続き

タスク6は，「質的研究と量的研究がどのように実施され，どのタイプの手続きで統合されたかを見つける。また，ジョイントディスプレイの提示があるかを確認する」でした。ここでの宝探しは，「埋め込まれている」（embedded），「比較される」（compared），そして「ジョイントディスプレイ」（joint display）がキーワードになります。

研究チームによる研究では，探索的順次デザインが用いられています。このデザインは，ネイティブ・アメリカンの子ども達による果物・野菜の消費についての予測をするといった課題のように，適切な量的尺度が利用できない場合に有用であるとされます（Creswell & Plano Clark, 2011）。このデザインでは，まず質的調査が行われ，それらの知見を用いた新しい量的道具の開発が行われ，そして量的段階における評価ツールの適用がなされます（Creswell & Plano Clark, 2011）。

研究チームは，順序的に集められた質的・量的データセットを「比較する」ことで，質と量のそれぞれのデータセットが「収斂する」のかどうかを検討しています。研究チームは，この検討結果を簡潔に示すために，「ジョイントディスプレイ」を使用して2つのデータを併記しています（表 4.5）。

研究チームは，「ジョイントディスプレイ」を使

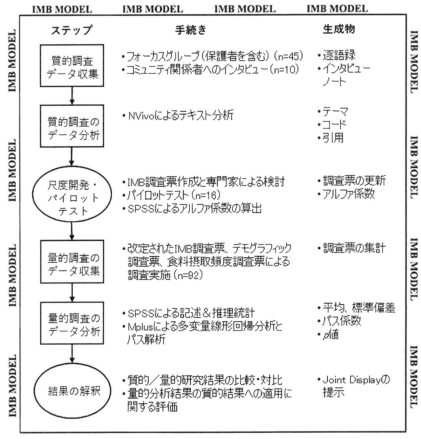

図4.4　変換的探索順次混合法プロジェクト（手続きダイアグラム）　出典：Sinley et al. (2016), p.64, Figure 1 を本章
執筆者が翻訳

用して2つのデータを併記することによって，さ
らに新たな発見があったことも報告しています。
その結果，2つのデータセット間の不一致を説明
するために，ネイティブ・アメリカンの子ども達
の果物・野菜の消費を説明するための改訂版 IMB
モデルが提案されています。

3.7. タスク7―妥当性を脅かす要素

タスク7は，「混合研究法デザインの妥当性を脅
かす要素（調査の限界）を探す」です。

この点については，表4.6で示す通り，「4.5
利点と欠点（Strengths and limitations）」の冒頭
に簡潔にまとめられています。具体的には，本研
究では質的及び量的段階の両方で便宜的サンプリ
ングが用いられており，調査結果の一般化可能性
に制約があることが指摘されています。

しかし，研究参加者が主要なネイティブ・アメ

リカンの部族の代表であり，研究結果は中西部の
州で栄養プログラム開発を検討する際に有用であ
ること，また量的段階で比較的小さいサンプルサ
イズであったが，本研究の統計分析で必要な成果
を得るには十分であったと述べられています。

3.8. タスク8―厳密なデータ収集法・分析法

タスク8は，「量的及び質的研究の両方で厳密な
データ収集法や分析法が用いられた証拠を見つけ
る」です。特に本研究では，この課題はタスク7
の「妥当性への脅威」と深く関連します。この課
題に関する原著論文の内容は表4.7に示していま
す。

まず，質的データ収集については，「2.2　質的
データ収集と分析」の冒頭で述べられている通り，
コミュニティカレッジやヘッド・スタート（就学
援助）センターなどのコミュニティ施設で，2～

表4.5　ネイティブ・アメリカンの子ども達の果物・野菜消費に関する検討結果のジョイントディスプレイ　出典：Sinley et al. (2016), p.66, Table 1 を本章執筆者が翻訳

質的テーマ	参加者からの質的な発言データ（ID）	量的調査の質問	IMBモデルの構成要素	β	p値
果物や野菜の利点	「糖尿病のせいで，私は以前と違う考えを持つようになりました。より多くの果物や野菜を摂り，甘いものを控えています」（FG2P5）	子どもに十分な果物や野菜を与えることで，彼らの糖尿病を予防できる可能性があると思います。	情報	動機0.348	0.0000**
果物や野菜食品の安全性	「一部の（野菜）は他より健康に悪いです。トマトとほうれん草で人々が病気になると聞くので，私もそれらを買いません」（FG3P1）	一部の果物や野菜は食中毒を引き起こします。		行動スキル0.136	0.076
果物や野菜の品質	「私は，果物や野菜の何が実際に良いのかを知りたいです。それらはみんな同じですか？」（FG1P1）	どの果物や野菜も同じように子どもの健康に良いです。		果物と野菜の摂取量-0.020	0.841
ソーシャルサポート	「家族の中で私だけが，果物や野菜を大切に思っています。[…]私はそのことにとてもイライラさせられます」（FG2P3）	家族の中で私だけが，食事と健康に気を使う人間です。	動機	行動スキル0.666	0.0000**
親の態度	「私は特定の野菜だけを食べます。しかし私の子ども達は何でも食べます」（FG1P2）	私が食べたいと思うのはごく一部の野菜です。		果物と野菜の摂取量（直接）-0.006	0.967
子どもの態度	「私は，息子にトマトを食べさせようと苦労しています」（FG6P5）	私が新しい種類の野菜を与えると，子ども達はそれを気に入ります。		果物/野菜の摂取量（行動スキルによって媒介）0.294	0.0000**
ロールモデリング/自己効力感	「私の娘は，野菜をよく見て，自分が好きなものかを確認します。お母さんがそうするなら，自分もそうしたいと言います」（FG3P3）	果物を食べることについて，私が子どものロールモデルになると感じています。	行動スキル	果物と野菜の摂取量0.442	0.001*
クッキング/自己効力感	「私はレシピに従って調理できます。私がその料理に精通していなければ，しばしばうまくできません」（FG4P4）	野菜で調理をすることは，私にとっては簡単です。			
果物や野菜を提供するスキル	「私は自分の家で野菜を勧めています。あなたが私の家で食事をする際，あなたは野菜を食べることになります」（FG3P1）	私は子どものために，毎日果物を用意します。			

*p≤ 0.001; **p≤ 0.0001

5歳の子どもの主たる保護者だと自己申告した参加者が，場所や利便性に応じてフォーカス・グループを選んで参加しています。ここで明確に述べられていませんが，研究参加者の集め方やフォーカス・グループの作られ方は，便宜的サンプリングによるものであることがわかります。

表 4.6 妥当性を脅かす要素を示す記述　出典：Sinley et al. (2016)

p.69（4.5　利点と欠点） 研究チームは，本研究において質的及び量的段階の両方で，便宜的サンプリングを用いていることを報告した上で，調査結果の一般化可能性に制約があることを認めている。しかし，重要なことに，研究参加者は，グレート・プレーンズの主要なネイティブ・アメリカンの部族の代表でもあるため，研究結果は中西部の州で栄養プログラム開発を検討するときに使用できる可能性があると研究チームは述べている。この研究の量的段階のサンプルサイズが比較的小さいことに言及しながらも，本研究で実施された統計分析に必要な効果を検出するのには十分であったことを報告している。

表 4.7　厳密なデータ収集法・分析法を示す記述　出典：Sinley et al. (2016)

p.63（2.2　質的データ収集と分析） 研究チームは6つのフォーカス・グループを，コミュニティカレッジやヘッド・スタート（就学援助）センターなどのコミュニティ施設で実施した。それぞれのフォーカス・グループには，ネイティブ・アメリカンの2〜5歳の子どもの主たる保護者だと申告した3〜12人の参加者がいた（n=45）。参加者は，場所と利便性によって，どのフォーカス・グループに参加するかを自ら指定した。
p.64（2.4　量的データ収集と分析） 量的データは，2〜5歳のネイティブ・アメリカンの子どもを持つ，英語を話す保護者という，便宜的サンプルから収集された（n=92）。

量的データ収集については，「2.4　量的データ収集と分析」の冒頭にあるとおり，本研究における量的データが，2〜5歳のネイティブ・アメリカンの子どもを持つ，英語を話す保護者という，便宜的サンプルから収集されたことが述べられています。

タスク7でも触れた通り，本研究のデータ収集における便宜的サンプリングの制約については，「4.5　利点と欠点」（Strengths and limitations）」の冒頭で改めて指摘されています。その制約はあるものの，研究参加者が主要なネイティブ・アメリカンの部族の代表であり，研究結果は中西部の州で栄養プログラム開発を検討する際に有用であること，また量的段階での統計分析には必要なサンプル数が得られていることが述べられています。このように，データ収集の限界はあるものの，研

究目的に照らし合わせて妥当な結果が得られていることが示されています。

3.9. タスク9―報告のレベルにおける統合

タスク9は，「結果の解釈と報告のレベルでの統合がどのようなアプローチによって行われているかを探る」でした。

研究チームは，質・量的分析結果が併置されたジョイントディスプレイと，フォーカス・グループ・インタビューから得られた代表的なナラティブの両方を提示し，研究の結果の統合について述べています（表4.5）。これはフェターズら（Fetters, Curry, & Creswell, 2013）が分類した，質と量を異なるセクションにまとめる「隣接アプローチ」（contiguous approach）に該当します。

研究チームが提示するジョイントディスプレイでは，質的段階からのテーマ，参加者の発言データ，量的調査の質問，IMBモデルの構成要素，そして多変量線形回帰分析及びパス解析の結果（標準化偏回帰係数β及びp値）が併置されています。

ジョイントディスプレイに示されている量的分析の結果によれば，保護者が持つ「情報」と「動機」，保護者が持つ「動機」と「行動スキル」，保護者が持つ「動機」と子どもの果物・野菜の「摂取」，保護者の「行動スキル」と子ども達の果物・野菜の摂取との間に有意な関係があることが示されています。これらの結果は，ネイティブ・アメリカンの子どもの果物・野菜摂取の問題に対するIMBモデルの使用を支持しています。

さらにジョイントディスプレイに含まれている質的データを参照すると，情報，動機，行動スキルの構成要素は，もともとのIMBモデルのように情報と動機が同時に働くのではなく，段階的なプロセスで働くことを示唆しています（Fisher, Fisher, & Shuper, 2009）。

3.10. タスク10―混合研究法を用いたことによるシナジー

最後のタスクは，「混合研究法を用いたからこそ得られたシナジー（相乗効果）の証拠を見つける」

表 4.8　混合研究法を用いたことによるシナジーを示す記述　出典：Sinley et al. (2016)

---

p.67（4. 考察）

研究チームは，米国におけるネイティブ・アメリカンの子ども達の果物・野菜の摂取量に影響を与える要因について明らかにした。彼らの研究は，「2～5歳のネイティブ・アメリカンの子どもの保護者の間で保持されている果物・野菜に関連する情報，動機と行動スキルの資産，及び不足を調査し，これらの変数が子どもの果物・野菜の摂取にどのように影響するかを探索した」(p.67)。研究者たちは，これらの複雑な相互作用について探求することで，果物・野菜を中心とした栄養介入や教材を提供する機会を見極めた。質的及び量的データを詳細に分析することにより，研究チームは収束的・発散的結果を得ることができた。これによって，IMB モデルの構成要素と，この母集団における果物・野菜の摂取量との間の動的関係についての理解を深めることができた。

です。混合研究法を用いることの重要な意義は，量的研究のみ，または質的研究のみでは知り得なかった新たな付加価値を見つけ出すことです。

　研究チームによる研究では，前述した「3.9. 報告のレベルにおける統合」で述べたジョイントディスプレイを受けて，もともとの IMB モデルのように，情報，動機，行動スキルの構成要素が同時に働くのではなく，段階的なプロセスで働くという知見が得られています（表 4.8）。そして研究チームは，ネイティブ・アメリカンの子ども達の間での果物・野菜の消費メカニズムに適した修正版の IMB モデルを提案しています（図 4.3）。

3.11. その他

　これまで述べてきた 10 の宝に加えて，本論文では，研究のもとになったオリジナルの IMB モデルと，質・量のシナジーの結果として作られた修正版 IBM モデルの両方が視覚的にわかりやすく提示されています。一般的には，質的研究によって心理・社会的な現象のメカニズムを捉え，量的研究によって変数や構成要素の間の統計学的な関係を示すことができます。混合研究法は，両方のアプローチの統合によって，メカニズムと構成要素の関係の両方を統一した形で理解することを可能にします。本論文は，そのような混合研究法による統合の成果が視覚的にわかりやすく提示されていると言えるでしょう。

■　4.　まとめ

　本章では，2歳から5歳までのネイティブ・アメリカンの子ども達の果物・野菜の消費に対する視点を理解することを目的として，探索的順次デザインを用いて実施された研究に含まれる 10 の宝について解説しました。

　この研究では，ネイティブ・アメリカンの子ども達の保護者（n=45）とネイティブ・アメリカンのコミュニティの関係者（n=10）から質的データを収集しています。そのデータは，果物・野菜摂取頻度調査票とともに用いられる果物・野菜に関する質問紙の開発に利用されました。さらにこれらの量的評価が，ネイティブ・アメリカンの子ども達（n=92）の保護者に対して行われました。

　この調査は，健康行動についての「情報－動機－行動スキル（IMB）モデル」に基づいて行われました。そして本研究での混合型分析から得られた知見から，IMB モデルが，ネイティブ・アメリカンの子ども達の果物・野菜の消費に影響する要因間の複雑な関係を説明するのに有用ではありつつも，将来の介入開発のためには修正版 IMB モデルが適切である可能性が示されました。最終的には，果物・野菜摂取の動的側面を捉えるために，修正版のモデルが提案されています。

　本章で述べてきた宝探しの 10 のタスクは，もともとは，混合研究法を用いた論文を評価するためのポイントとして提案されました。同時にこれらのポイントは，混合研究法を用いた研究のデザインや，論文執筆の際のガイドラインという役割を持ちます。さらに 11 個目の宝として提示した，視覚的なモデル表現は，質・量を統合した混合研究法の成果を提示する上で有用な方法です。

　本章で紹介した宝が，読者諸氏が混合研究法を実践し，その成果を説得力のある形で提示する際の参考となることを期待します。

引用文献

Baranowski, T., Anderson, C., & Carmack, C.（1998）. Mediating variable framework in physical activity interventions: how are we doing? How might we do better? *American Journal of Preventive Medicine*, *14*(4), 266-297.

Creswell, J. W.（2005）. *Educational research: Planning conducting. and evaluating quantitative and qualitative research* (2nd ed.). Pearson Education.

Creswell, J. W., & Plano Clark, V. L.（2007）. Designing and conducting mixed methods research. SAGE.（大谷順子訳（2010）. 人間科学のための混合研究法：質的・量的アプローチをつなぐ研究デザイン. 北大路書房.）

Creswell, J. W., & Plano Clark, V. L.（2011）. *Designing and conducting mixed methods research* (2nd ed.). SAGE.

Creswell, J. W.（2015）. *A concise introduction to mixed methods research*. SAGE.（抱井尚子訳（2017）. 早わかり混合研究法. ナカニシヤ出版.）

Fetters, M. D., Curry, L. A., & Creswell, J. W.（2013）. Achieving integration in mixed methods designs-principles and practices. *Health services research*, *48* (6 Pt 2), 2134–2156. https://doi.org/10.1111/1475-6773.12117

Fialkowski, M. K., Okoror, T. A., & Boushey, C. J.（2012）. The relevancy of community based methods: using diet within Native American and Alaska Native adult populations as an example. *Clinical and Translational Science*, *5*, 295-300.

Fisher, J. D., Fisher, W. A., & Shuper, P. A.（2009）. The information-motivation behavioral skills model of HIV preventive behavior. In R. DiClemente, R. Crosby, & M. Kegler (Eds.). *Emerging theories in health promotion practice and research*. Jossey-Bass.

Kautz Osterkamp, L., & Longstaff, L.（2004）. Development of a dietary teaching tool for American Indians and Alaskan Natives in Southern Arizona. *Journal of Nutrition Education and Behavior*, *36*(5), 272-274.

Krefting, L.（1991）. Rigor in qualitative research: the assessment of trustworthiness. *American Journal of Occupational Therapy*, *45*, 214-222.

Krippendorff, K.（2003）. *Content analysis: An introduction to its methodology* (2nd ed.). SAGE.

Krueger, R. A., & Casey, M. A.（2000）. *Focus groups: A practical guide for applied research* (3rd ed.). SAGE.

McGartland, R. D., Berg-Weger, M., Tebb, S. S., Lee, E. S., & Rauch, S.（2003）. Objectifying content: conducting a content validity study in social work research. *Social Work Research*, *27*, 94-104.

Merriam, S. B.（2009）. *Qualitative research: A guide to design and implementation*. John Wiley and Sons.

Roubideaux, Y. D., Moore, K., Avery, C., Muneta, B., Knight, M., & Buchwald, D.（2000）. Diabetes education materials: recommendations of tribal leaders, Indian health professionals and American Indian community members. *The Diabetes Educator*, *26*, 290-294.

Satterfield, D., Volansky, M., Caspersen, C., Engelgau, M., Bowman, B., Gregg, E., et al.（2003）. Community-based lifestyle interventions to prevent type 2 diabetes. *Diabetes Care*, *26*(9), 2643-2652.

Sinley, R. C., & Albrecht, J. A.（2015a）. Fruit and vegetable perceptions among caregivers of American Indian toddlers and community stakeholders: A qualitative study. *Journal of Racial and Ethnic Health Disparities*. http://dx. doi. org/10. 1007/s40615-014-0079-2.

Sinley, R. C., & Albrecht, J. A.（2015b）. *Application of the IMB model to fruit and vegetable consumption among Native American children*. Manuscript submitted for publication.

Sinley, R. C. & Albrecht, J. A.（2016）. Understanding fruit and vegetable intake of Native American children: A mixed methods study. *Appetite*, *101*. 62-70.

Thompson, F. E., Subar, A. F., Smith, A. F., Midthune, D., Radimer, K. L., & Kahle, L. L.（2002）. Fruit and vegetable assessment: performance of 2 new short instruments and a food frequency questionnaire. *Journal of the American Dietetic Association*, *102*, 1764-1772.

コミュニティを基盤とした参加型研究デザイン論文のトレジャーハント

井上真智子

■ 1. コミュニティを基盤とした参加型研究デザインの特徴

「コミュニティを基盤とした参加型研究（community-based participatory research: CBPR）」デザインは，混合研究法デザインの類型の中では，理論的・哲学的な基盤を基礎デザインに織り込んだ「応用型デザイン」の一つと位置づけられます。CBPRが1990年代以降体系づけられてきた経緯を振り返ると，研究デザインや研究法の一つというより，研究アプローチやパラダイムの一つとしてとらえられています。従来の研究のアプローチやパラダイムでは，問題や課題をもつコミュニティは，研究の対象と位置づけられ，研究者が主体的に課題を特定し，研究をデザインし，研究チームのみで実施してきました。そのアプローチでは，研究結果を発表した時点で研究が終了となることが多く，結果が地域の変革や活動に活かされることが十分でなかったという問題がありました（Horowitz, Robinson, & Seifer, 2009）。社会における格差・不平等，社会正義などをテーマとした研究は，本来，社会変革・課題解決，アドボカシーやエンパワメントを目指すものです。そこで，コミュニティとの協働，コミュニティの参加が不可欠と考えられるようになり，参加型研究，アクションリサーチなどの研究アプローチが生まれ，次第に，公衆衛生，健康社会科学，社会福祉学などの分野では，CBPRというアプローチが発展し，現在では，集団の健康に携わる人にとって必須の領域の一つとなっています（Israel, Eng, Schulz, & Parker, 2013）。

CBPRは，「コミュニティの人たちのウェルビーイングの向上や問題・状況改善を目的とし，リサーチの全てのプロセスにおけるコミュニティのメンバーと研究者の間の対等な協働によって生み出された知識を社会変革のためのアクションやアドボカシー活動に活用するとともに，そのプロセスを通した参加者のエンパワメントを目指すリサーチに対するアプローチ（指向）」（武田, 2015）と定義されています。つまり，CBPRは，研究において多様なステークホルダーがパートナーとして関与しており，その人々の対等な参加と主体的な関わりが促されていること，互恵性，協働の学び，変革などが志向されていることといった特徴をもちます。

図5.1にCBPRのコアとなる7つの構成要素を示します（Israel et al., 2013）。CBPR論文では，本書で扱う10の宝探しに加えて，これらの要素について実践され，論文中に述べられているかも検討する必要があります。以下，順に見ていきましょう。

第1は，コミュニティのパートナーと信頼できる対等な関係を構築することです。これは，コミュニティのステークホルダーと協働で研究を行うためのインフラづくりとなります。

第2は，コミュニティの強みやダイナミクスを同定することです。コミュニティの文化・歴史的背景や影響力のある組織・団体，誰の声を聞くべきか，などについて尋ねます。

第3には，この協力関係により，どのような健康上の課題が優先的に取り組むべき重要なものであるか，何がそれに寄与しているか，この研究で

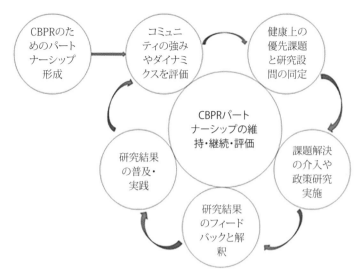

図 5.1　コミュニティを基盤とした参加型研究（CBPR）の構成要素　出典：Israel et al. (2013), p.12, Figure 1.1 を本章執筆者が翻訳

どのような研究設問に答えるべきか，を検討し，研究テーマ・設問を決定することです。

第 4 は，課題解決のための介入や政策についてふさわしいデザインを選択し，どのように実践すべきか検討の上，実行に移すというステップです。

第 5 に，調査やインタビューなどで得られた結果を全てのステークホルダーにフィードバックし，どのような意味や示唆をもつものか話し合いながら，解釈についての検討が行われる段階です。

第 6 は，研究で得られた成果をどのようにコミュニティに還元するか，結果発表にステークホルダーがどのように関わるか，また，この成果をより広域の介入や実践にどのように変換するか，などを検討することです。

最後の第 7 の要素は，パートナーシップの維持・継続・評価です。図 5.1 のサイクルの中心に示されるように，これは研究の全ての段階に関わる継続的な要素となります。

それでは，サンプル論文で混合研究法についての宝探しをするとともに，CBPR の要素がどのように網羅されているかについても詳しく見ていきましょう。

■　2．サンプル論文の特徴

本章で取り上げるサンプル論文は，グレイセンら（Greysen, Allen, Lucas, Wang, & Rosenthal, 2012）による論文で，病院からホームレス用のシェルター（保護施設）への医療的ケアの移行がテーマです。

米国ではホームレス人口の増加とその人々へのケア・サービスの提供が大きな課題となっています。言うまでもなくホームレスの人々は社会的弱者に相当します。本研究は，この，社会的に疎外され，周縁化された人々が適切な医療・ケアを受けることのできる機会を向上させるという社会正義に基づいた CBPR と言えます。ホームレスの人々のケアに携わる多職種・ステークホルダーによる参加型研究として，米国のある地域においてホームレスの患者が，退院しシェルターへ入所する際に医療的ケアの移行をどのように経験しているか，移行の質の高さにはどのような要因が関連していると考えられるか，ケア対象者の視点から探索した論文です。

本論文が掲載されている *Journal of General Internal Medicine* は米国総合内科医学会（Society of General Internal Medicine）の学会誌で，総合内科の臨床，教育，ヘルスケアサービスに関するあらゆる研究論文が掲載されています。特に健康や医療サービスの提供に関する公正（health equity）あるいは格差に関する研究も重要なテーマの一つ

として取り上げられます。本論文も社会的弱者の集団の一つであるホームレスの人々への医療提供のあり方を取り上げ、社会正義・公正の観点から課題と対策について検討したものと言えます。

本論文の筆頭著者であるグレイセン医師は、ヘルスサービスの質に関する研究者で、本論文で紹介されているコネチカット州ニューヘイブンホームレスの患者へのケアを改善するCBPRのほか、高齢者の再入院に関連する要因、診療の継続性についてなど多くの論文を出版しています。

以下にサンプル論文の概略を紹介します。

サンプル論文（縮小版）

グレイセン, S. R., アレン, R., ルーカス, G. I., ワン, E. A., ローゼンタール, M. S. (2012)
「病院からホームレスシェルターへのケアの移行を理解する」. ジャーナル・オブ・ジェネラル・インターナル・メディシン, 27(11), 1484-91. (抜粋)

原著論文書誌情報：Greysen, S. R., Allen, R., Lucas, G. I. Wang, E. A., & Rosenthal, M. S. (2012). Understanding Transitions in Care from Hospital to Homeless Shelter. *Journal of General Internal Medicine, 27*(11), 1484-91.

キーワード：退院後のケア、ホームレス、医療の質、コミュニティ参加型研究、混合型研究

1．背景 [1]

1980年代以降、米国ではホームレス人口が増加し、近年の経済不況によりさらに増加傾向を示している。2009年のデータでは、150万人、つまり国民の約200人に一人が1年間のある時点でホームレスを経験している。ホームレスの人々は急性期医療サービス（入院や救急外来受診）を利用する割合が非常に高いため、ホームレス人口の増加は医療機関にとって大きな影響がある。医療利用度の高さにより、疾病罹患率や若年死亡率の高さが緩衝される可能性がある。

また、ホームレス人口の増加によって必要なシェルター（滞在型保護施設）の数が増え、シェルターを利用する人々への適切な医療の提供が課題となっている。1996年には4万件のホームレス支援プログラムが存在し、多様なサービスを提供している。中でも医療に関連した利用は15万件に上る。過去15年の間に緊急シェルターや住居支援を行うプログラムが15,860件から20,525件に増えており、これらシェルターシステムと医療機関との間を移行する機会が増えた。特に急性期医療においてそれは顕著である。2010年までに、全ホームレス人口の7％及び新しくホームレスになった人口の13%が、病院から直接シェルターへの移行を経験している。この移行は、ケアのコーディネートが不十分な状態で行われることが多く、結果的にさらなる急性期医療の利用へと結びついている。

このように医療的ケアのスムーズな移行が重要であることから、地域ではホームレス問題への対策として、退院支援の充実や住居支援プログラムとの連携を病院に促している。しかし、ホームレスの患者にとって安全で支援的な移行の妨げとなるものは何かに関する研究データはこれまでになく、システムの連携、統合のための地域計画にとって必要である。そのため、以下の2つを目的として、研究チームは患者中心のコミュニティ参加型の研究を行っている。1つ目は病院からシェルターへの医療的ケアの移行に関する患者の経験を理解すること、2つ目はそれらの経験において移行の質と関連のある要因は何と考えられているか探ることである。

2．方法 [2]
a．デザイン

本研究はコミュニティ参加型研究（CBPR）のアプローチをとっている。まず、地域最大の病院であるイエールニューヘイブン病院（YNHH）とコネチカット州ニューヘイブンで最も大きな

ホームレスシェルターであるコロンブスハウスと連携関係を結んでいる。コロンブスハウスは緊急保護設備，一時居住と永住支援，及び地域アウトリーチサービスを行っている非営利組織である。ニューヘイブンにはコロンブスハウス以外には男女それぞれのためのシェルターも存在する。YNHHは非営利の教育病院であり，ホームレス患者の急性期医療にも携わっている。ニューヘイブンにおけるホームレス割合は米国の他の大きな都市と同様である。

CBPRは「ある問題に関連する住民やサービス提供者を含めた複数のステークホルダーが携わり」「社会変革や健康の改善などについて行動を起こすための知識を統合することを目的とする」ものである。したがって，大学の研究者及びコロンブスハウスの職員は本研究プロジェクトのあらゆる側面において協力をしている。さらに，ホームレスの患者，市や州の行政職員，病院の医師や事務職員，シェルターに最も近い診療所の医師や事務職員など，多様なステークホルダーが参加している。これらのステークホルダーとの議論を通して，病院とシェルターの共通のミッションやこれらのシステムがどのようにコミュニティに根ざしているのかについて研究チームは図5.2のような概念モデルを作成している。

この概念モデルに基づいて，研究チームはステークホルダーと直接関わり合うことにより，研究設問を明確にすることから始めている。市のホームレス問題対策10カ年計画において，病院や医療従事者が最も取り組まなければならないタスクは何かを明確にしている。

コロンブスハウスのケースマネージャーやソーシャルワーカー，管理職員との話し合いから，ニューヘイブンのホームレスの人々の地域基盤型支援にとって最も重要な課題は，医療的ケアの移行であると研究チームは認識するに至っている。したがって，まず，コロンブスハウスの入居者の中で，10人の個人面接及びフォーカス・グループ面接1回を行い，最近急性期医療を利用したか，そのプロセスはどのように改善されるべきかを尋ね，質問票の作成に用いている。これらのフィールドワークと議論を通して，本研究では病院からシェルターへの移行に関する患者中心のデータを抽出することを課題とし，そのための半構造化インタビューの質問票をコロンブスハウスの入居者と協同で作成している。

b．質問票

研究チームは質問票の原案を作成し，ステークホルダーからフィードバックを受けて修正している。20問の回答選択式の質問により，基本

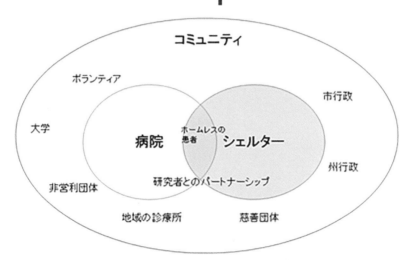

図5.2　シェルターと病院の重複するケアシステム及びコミュニティに根ざしたこれらのシステムを研究するためのCBPRアプローチを示す概念図　出典：Greysen et al. (2012), p.1485, Figure 1 を本章執筆者が翻訳

情報, 急性期医療の利用頻度, 病院への交通手段, 病院スタッフによる住宅状況に関する評価などについて尋ねている。2つの開放型質問では, 急性期医療とケアの移行についての考えと経験を尋ねている。表面的妥当性の検証のため, コロンブスハウスの入居者やスタッフ, 医療者にパイロットテストを実施している。本研究の実施にあたっては, イエール大学の倫理委員会から承認を受けている。

c．データ収集

まず, イエール大学でホームレス問題に取り組むサークル組織に入っている学生5名に対し, 研究チームはリサーチアシスタントとして質問票を用いて調査を実施できるようトレーニングしている。2010年4〜5月の2カ月間に研究参加者のリクルートをしている。コロンブスハウスのスタッフは入居者全員に研究チームのメンバーを紹介し, 過去12カ月間に救急外来を受診したことのある入居者に参加を呼びかけている。研究参加者には20ドルのギフトカードを謝礼として手渡している。

d．データ分析

研究チームは, 開放型質問から得られた質的データを, 継続的比較分析により分析している。4名の多職種チームが独立してコーディングを行い, 違いがあればミーティングで議論を行って合意に至っている。コーディングは順次行い, 概念モデルの構成要素を抽出するようにしている。最終的に研究チームは, 15のコードを抽出し, 1つの包括的概念と3つの推奨や改善に関する概念を抽出している。これら質的データから得られた概念は量的データ分析のアプローチのガイドとして用いられている。

選択式質問から得られた量的データを用いて, 研究チームは, 研究参加者の年齢, 人種, 性, ホームレスとなっている期間, 医療セッティング(入院または救急外来), ホームレスであることの病院スタッフによる評価, 退院後搬送計画, 退院時刻, 即時退院の有無などを記述するため頻度分析を行っている。質的データ分析

から得られた参加者の心配事として, 安全面及び退院初日におけるシェルター利用の可否があがったため, 量的分析における最も重要なアウトカムとして, 退院初日に路上で過ごすことを取り上げている。

e．データの提示とフィードバック

質的研究及びCBPRの方法論に基づいて, 研究参加者及び地域の主なステークホルダーに対し, 研究チームはデータの提示を行っている。それぞれのグループに研究チームの調査で得られた結果及び地域病院やシェルターにおけるホームレス患者のケアの改善策について, 正確に捉えられているか意見を求めている。このフィードバック過程は, この地域のコンテキストにおけるデータの解釈や提示を形成する上で, 非常に役立ったと研究チームは報告している。

3．結果[3]

ホームレスの参加者における半構造化調査のデータ

98人のシェルター利用者(回答率82%)が調査に参加した。80%が男性であり, 黒人は42%, 白人は41%, ヒスパニックは16%であった。平均年齢は44歳(範囲:18〜65歳)であり, ホームレス期間の平均は2.8年であった。61%が過去1年間に3回以上の外来受診をしていた。

質的分析より, 参加者は退院時に病院とシェルターの間での連携が全体的に欠けていると感じていた。参加者は連携が不十分であると予想されることで, 医療の利用に遅れが生じうると語っていた。それにより, 改善案について以下の3つのテーマが抽出された。1)医療者は住居問題が健康問題であると考えるべきである。2)病院とシェルターのスタッフは退院計画の段階でコミュニケーションをとるべきである。3)退院計画では安全な搬送手段についても検討すべきである。

3　原著論文ではp.1487からp.1488まで。

連携が不十分であると予想されることによる医療の利用の遅れ

多くの参加者がこれまでの病院での経験をもとに、できるだけ医療を利用しないよう遅らせると言っていた。60％の参加者が、病院にかかる必要があるとわかっていてもかからなかったことがあると言っており、そのうちの42％は退院した後シェルターを見つけることができないだろうから、というのが理由であった。

推奨1：医療者は住居問題が健康問題であると考えるべきである

参加者は、病院スタッフが患者の住宅状況及び他の健康の社会的決定要因について把握することで、健康問題へよりよく対応できるようになるだろうと述べていた。直近の受診時に、終了後帰る家のことを聞かれた者は44％に過ぎず、退院調整の際に必要な事項として、長期的な住居問題について話し合った経験をもつ者は22％のみであった。

推奨2：病院とシェルターのスタッフは退院計画の段階でコミュニケーションをとるべきである

参加者は、退院後の滞在先と搬送手段の必要性について病院スタッフが認識していたとしても、退院日にシェルターに入れるとは限らないと述べている。シェルターに到着したとき、そのスタッフが病院でのケアや退院時の指示について尋ねて話し合ってくれた経験があるのは19％のみであった。

推奨3：退院計画では安全な搬送手段についても検討すべきである

参加者は、退院後の公共交通機関の利用や夜間の徒歩での移動の安全性に不安を抱いていた。67％は退院日にシェルターに滞在していたが、17％は友人・家族のところや他の施設に宿泊し、11％は路上に寝るという経験をしていた。27％は暗くなった後に退院した経験をもっており、59％で退院後の安全な搬送計画が全くなかった。

コミュニティへのフィードバックと推奨に対するアクション

研究結果をコミュニティの病院及びシェルターへフィードバックする活動を行うなかで、単施設の取り組みでは改善がなく、施設間のコミュニケーションを改善し適切な退院調整を行う多施設のネットワークで取り組む必要があることがわかったと本研究は報告している。また、シェルターの2つのベッドを退院後の患者用に確保しておく方法も限界があると認識されたと報告している。本研究の結果は、最終的に、病院、シェルター、ヘルスセンター、大学、地域団体、行政のそれぞれの代表者17名からなるレスパイトタスクフォースの設立につながり、コロンブスハウスで月例ミーティングが開始されている。このタスクフォースは、ニューヘイブンのホームレス患者に対しレスパイトケア（退院後の回復過程における施設ケア）のための施設設立をめざし、必要な政策や手続きについて検討することを目的としている。また、研究チームは、シェルター所属の退院調整係の養成・設置に向けた外部資金も獲得するに至っている。

4. 考察[4]

本研究は、医療を利用したホームレス患者の多くが、退院後の住居問題について病院スタッフは十分な話し合いをしておらず、医療と住宅支援の双方のシステムが十分に連携できていないと感じていることがわかったと報告している。まず、システムの統合のため、病院及びシェルターのスタッフが課題認識を共有する必要があると考えられた。次に、システムの問題で、退院日当日のシェルター入居が認められないなどの問題があるとわかり、これにより犯罪の犠牲になったり健康問題が悪化したりする重大な問題であると認識されている。

---

4 原著論文では p.1488 から p.1490 まで。

この研究結果から各コミュニティレベル，医療システムのレベルへの示唆として，改善のための介入が功を奏するためにはコミュニティ全体のエンゲージメントが必要であることが示されている。また，国としてより広い視野から健康格差の現れの一つとしてのホームレス問題に取り組む必要があることも示されている。

本論文では，CBPRのアプローチをとったことで，これらの課題に対しアクションを起こす利点となったことが報告されている。その理由として，第一に，住民・コミュニティの参加と行動を重要な「結果」として位置づけることで，CBPRでは研究者，医療従事者，住民が，速いサイクルでリアルタイムに学習と適用のサイクルを回していくことが可能になったこと，研究結果と過去の文献データをもとに，ベストプラクティスについて話し合いながら地域で実践，評価，調整を行い続けるというイノベーションを起こすことができたことを挙げている。第二に，イノベーションに加えてプロジェクトに持続可能性をもたせることが重要であるというフィードバックをふまえ，組織間の関係性を構築し，共通の目標をもつことで継続的な協調関係の土台を形成するに至り，その結果，プロジェクトリーダーが初めの担当者から変わっても，プロジェクトは発展し続けていることを報告している。

研究の限界と今後の展望[5]

研究チームは本研究の限界として，半構造化インタビューで過去1年間における最近の入院について参加者に尋ねており，思い出しバイアスが生じている可能性があること，コミュニティにおけるホームレス者を参加対象としているが，他の地域では状況が異なる可能性があるため，一般化には限界があること，参加者の8割は単身の男性であったが，女性や家族のホームレス者も増えており，今後検討が必要であること，本研究がCBPRの手法に基づいて実施さ

れたが，対象者の参加度合いをさらに増やすことも可能であると考えられることを指摘している。さらに，連携が不十分であることのアウトカムについては本研究では検討していないことも加えている。

結論[6]

研究チームは，結論として，ホームレスの患者は退院の際の医療的ケアの移行に関して，施設間の連携が不十分であることによるバリアを感じていたこと，医療従事者が退院計画の際に，患者の住宅状況について評価し，特に夜間では安全な搬送手段の調整を行う必要があることを挙げている。その上で，退院後に路上で過ごさずにすむようシェルターと医療機関との間でシステムの統合を行うことで，医療的ケアの移行における質を高めることができると指摘している。

5．引用文献[7]

本章末を参照。

━━━━━━━━━━━━ **サンプル論文引用ここまで**

■　3．トレジャーハント（宝探し）

それでは，次にトレジャーハント（宝探し）のための10のタスクにうつります。

3.1.タスク1―混合研究法を用いる理由

本論文は，混合研究法の中でもCBPRのアプローチを用いているため，なぜCBPRが適しているのかが述べられている必要があります。タスク1ではCBPRを用いる理由が書かれている箇所として，背景の中でこの論文の研究設問のコンテキストが記載されている部分を取り上げました。つまり，コミュニティのステークホルダーの関与・参加によってもたらされるメリットや必然性についての記述です。これまでのホームレス患者の退院

5　原著論文では p.1489。

6　原著論文では p.1489。
7　原著論文では p.1490 から p.1491 まで。

表 5.1 混合研究法を用いる理由を示す記述 出典：Greysen et al. (2012)（表中の記述は論文から抜粋・要約した文章の日本語訳。以下同じ。）

p.1485（背景）
研究チームは，ホームレスに対する医療的ケアのスムーズな移行が重要であることを明らかにし，ホームレス問題への対策として，多くの地域で退院支援の充実や住居支援プログラムとの連携を病院に促していることに言及している。研究チームは，ホームレスの患者にとって安全で支援的な移行の妨げとなるものは何かに関する研究データがこれまでにないことを強調している。このようなデータは，ケアシステムを統合し，地域（コミュニティ）計画を実施する上で必要となることを研究チームは明言している。

支援策では，患者の経験・考えについてのデータが十分になかったため，病院とシェルターのシステムの統合には患者の経験・考えを理解することが必要であると本研究では述べられています（表5.1）。

3.2. タスク2―混合研究法デザインのタイプ

本論文では，CBPR のアプローチを用いた混合研究法であることが，研究デザインとして明記されています。後のタスク4のところでも取り上げますが，CBPR の基本的考え方として，コミュニティのステークホルダーとパートナーシップを築き，協同で地域の問題解決，社会変革に取り組むということがあります。本研究では，まずパートナーシップを築くことから始まっています（表5.2）。

3.3. タスク3―研究設問または研究目的

本研究での設問，目的は以下のように記載されています。研究テーマとして，ホームレス患者の退院時の病院からシェルターへの移行の質が挙げられています。その改善には何が必要かを検討するため，コミュニティのステークホルダー（病院及びシェルターのスタッフ，行政職員など）と協働したCBPR が実施されています（表5.3）。

3.4. タスク4―混合型研究の哲学や理論

本研究では，CBPR の方法論における理論が解説されています。この論文中では，ホロウィッツ

表 5.2 デザインを示す記述 出典：Greysen et al. (2012)

p.1484(要旨)
デザイン：研究チームは，ホームレスシェルターのスタッフ及び利用者の参加による，コミュニティ参加型研究（CBPR）のアプローチをとった混合型研究を使用している。
p.1485（方法―研究デザイン）
CBPR のアプローチに従い，地域最大の病院イエールニューヘイブン病院と最大のホームレスシェルターであるコロンブスハウスとの間でパートナーシップを研究チームは結んだ。

表 5.3 研究目的を示す記述 出典：Greysen et al. (2012)

p.1484（要旨）
目的：「病院からシェルターへ移行する際の患者の経験について理解することと，それらの経験の中で移行の質と関連のある側面を究明すること」（p.1484）が，研究チームの研究目的である。
p.1485（背景）
研究チームは，以下の2つの目的を掲げて，患者中心のコミュニティ参加型研究を行った。1つ目は病院からシェルターへの医療的ケアの移行に関する患者の経験を理解すること，2つ目はそれらの経験における移行の質と関連のある経験の側面を探ることである。
p.1486（方法―研究デザイン）
フィールドワークとチームによる討議を通して，研究チームは病院からシェルターへの移行に関する患者中心のデータを抽出することを始めに取り組むべき優先課題とした。そのデータを得るための半構造化インタビューの質問票をコロンブスハウスの入居者と協同で作成した。

ら（Horowitz et al., 2009）による CBPR について解説した論文を引用文献として取り上げており，その中では伝統的な研究のアプローチと異なり，CBPR のアプローチでは，研究の発案，テーマ・デザインの選択，資金獲得，実施・分析・データ解釈，結果の提示・広報，実践や政策への転換，チームや成果・資源の継続の各段階において，コミュニティのステークホルダーと研究者とがパートナーシップを形成し，協同で行うということが述べられています（表5.4）。

3.5. タスク5―手続きダイアグラム

本論文には，手続きダイアグラムが掲載されて

表5.4　混合型研究を支える哲学・理論を示す記述　出典：Greysen et al. (2012)

> p.1485（方法－研究デザイン）
> CBPRは共通の問題に影響を与えたり，影響を受けたりする複数のステークホルダー（住民やサービス提供者など）を巻き込むアプローチであると著者は強調している。彼らはCBPRを，社会変革や健康の改善などをめざした行動と知識とを統合するためのアプローチであるとしている。

いません。したがって，本章執筆者が原著論文の内容に基づいて作成したダイアグラムを図5.3に提示します。全てのステップにおいてコミュニティ（施設利用者，シェルターや医療機関のスタッフなど）のメンバーが参加し，それぞれの意見が反映されています。

3.6. タスク6―統合の手続き

　本研究では，質的データと量的データが一つの質問票を用いた面接により，同時に同じ対象者から得られています。本文中の記載では，質的データから得られた概念を，量的データの分析アプローチをガイドするものとして用いたと書かれてい

ます。そのため，デザイン段階で質的データと量的データの情報の統合は，両者の結果を収斂するデザイン（convergent design）で行われ，方法としては「埋め込み（embedding）」が行われていると言えます(Fetters, Curry, & Creswell, 2013)。統合のアプローチとしては「比較（comparing）」であると言えます。これにより，研究参加者の「考えや体験」をより深く多面的に理解するという研究目的に応えるものとなっています（表5.5）。

　以下は，本研究における質と量のそれぞれのデータ源を示す表です（表5.6）。

3.7. タスク7―妥当性を脅かす要素

　本論文では「考察」の最後から2番目の段落（結論の前）に，本研究の限界として，妥当性を脅かす5つの点について議論されています。1点目はインタビューにおけるデータの妥当性，2点目は研究参加者のサンプリングによる結果の一般化可能性，3点目は研究参加者のバックグラウンドの妥当性，4点目はCBPRの理論に照らし合わせた，対象者の参加度合いに関する妥当性，5点目

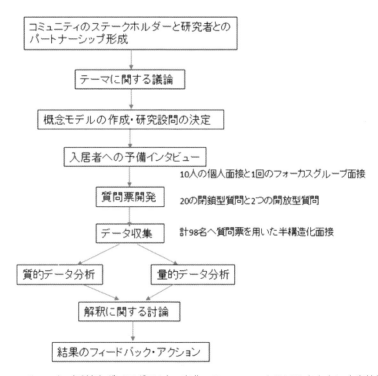

図5.3　研究実施フローチャート（手続きダイアグラム）　出典：Greysen et al. (2012) をもとに本章執筆者が作成

表5.5　質的・量的研究の統合を示す記述　出典：Greysen et al. (2012)

> p.1486（方法−データ分析）
> 質的データから得られた複数のテーマは，研究者の量的データ分析のアプローチを導いた。

表5.6　量的・質的データ源　出典：Greysen et al. (2012)

量的データ源	質的データ源
半構造化インタビューに用いた質問票における20項目の閉鎖型質問(回答選択式) ・基本背景情報 ・急性期外来受診の頻度 ・病院への行き帰りの交通手段 ・病院スタッフによる住宅状況の評価 ・退院と移行について	質問票における2項目の開放型質問 ・急性期外来受診とケアの移行について，考えと経験に関する記述

は本研究テーマであるケアの移行の質のアウトカム評価の妥当性についてとなっています。いずれに関しても本研究における妥当性はどこまでかを述べ，それ以上については今後の研究・取り組みの範囲として丁寧に論じられています（表5.7）。

3.8. タスク8―厳密なデータ収集法・分析法

　本研究では，シェルター入居者の中での研究参加者のリクルート方法及び質問票を用いた半構造化インタビューによるデータ収集方法について詳しく記載されています。また，質的及び量的分析の方法についてもそれぞれ適切に記載されていると言えます。さらに，本研究はCBPRとして，データ分析結果を参加者及び地域のステークホルダーへ提示し，彼らの意見を聞きながら，さらに解釈を深めていく手順を適切に行ったということも記載されており，厳密な方法をとっていることが伺えます（表5.8）。

3.9. タスク9―報告のレベルにおける統合

　混合型研究における統合の段階には，デザイン，方法，解釈と報告の3つのレベルがあります（Fetters et al., 2013）が，本研究はCBPRとして，デザイン段階でコミュニティのステークホルダー

表5.7　妥当性を脅かす要素を示す記述　出典：Greysen et al. (2012)

> p.1489（考察）
> 研究チームは，潜在的な研究の限界をいくつか特定している。（1）半構造化インタビューでは，過去の入院の経験について尋ねたが，思い出しバイアスが生じている可能性がある。このバイアスを少なくするため，研究チームは直近の外来受診にフォーカスするようにし，過去1年間に受診経験のある患者のみにインタビューを行っている。（2）研究チームは1つのコミュニティのみから患者を研究対象者として募っているが，他のコミュニティにおいてはホームレス問題の状況が異なる可能性があるため，本研究の結果の一般化には限界がある。（3）本研究の参加者の8割が男性で，単身ホームレス者の全国（62-67%）及び州（70%）の割合とほぼ同様であると言えるが，女性や家族のホームレス者も増えてきているため，そのような人々についても今後検討が必要である。（4）CBPRリサーチにおいて研究チームは積極的にホームレス者にかかわっていた一方，その機会をさらに増やすこともできたであろうことを認めている。（5）患者が経験したケアの移行に関するアウトカムのデータは収集していないため，連携が不十分な移行の臨床的な影響については論じることができない。

とのパートナーシップ形成が行われ，方法の段階でもコミュニティとの協力のもとデータ収集・分析を行い，結果を提示してコミュニティの意見を反映させています。このタスクでは，解釈と報告のレベルでどのように統合が行われたかを確認することになります。

　本論文の結果の項には，質的に得られた概念（ホームレス者の考える改善のための推奨）ごとに，参加者の具体的発言と量的な頻度分析の結果が提示されています。この報告方法は，フェターズらの論文で提示されている3つの報告レベルの統合方法（ナラティブ，データ転換，ジョイントディスプレイ）の中で，ナラティブにあたります。さらに，その中でも，概念ごとに質・量から得られた結果・解釈を提示しているため，「織り込み（weaving）」という方法をとっています。具体的には，質的データ分析結果を裏付ける形で，量的データが用いられ，また，前述のように量的データの分析アプローチに質から得られた結果を用いるということがなされています。つまり，量と質の結果は補い合っており，両者を統合することで，

表 5.8　厳密なデータ収集法・分析法を示す記述　出典：Greysen et al. (2012)

p.1486（方法－データ収集） データ収集に先立ち，イエール大学でホームレス問題に取り組むサークル組織に所属する学生5名に対し，リサーチアシスタントとして質問票を用いて調査を実施できるようトレーニングした。加えて，学生は主任研究者がいくつかインタビューを行うところを見学し，その上で，主任研究者が同席する中，各人が少なくとも一つのインタビューを単独で行った。2010年4〜5月の2カ月の間8回にわたり，平日の夜の「ハウスミーティング」で研究参加者のリクルートを行った。各回でコロンブスハウスのスタッフはそのときの入居者全員に研究チームを紹介し，過去12カ月間に救急外来を受診したことのある全ての入居者へ参加を呼びかけ，名乗り出た人のリストを作成した。このリストに基づいて，順番にインタビューを実施した。質問票にある質問を各参加者に対して読み上げ，選択式及び開放型質問に対する回答を記録した。
〈質的データ分析〉 p.1486. 開放型質問から得られた質的データを，継続的比較分析により分析した。「ホームレスの問題や退院計画，CBPR，質的研究に対して専門知識のある4名の多職種チームのメンバーが独立してコーディングを行い，違いがあればミーティングで議論を行って合意した」(p.1486)と研究チームは報告している。コードは繰り返し生成され，概念モデルの構成要素を明らかにするよう精緻化された。チームは全分析過程を通じてコード構造を見直し，必要に応じてコードの範囲や内容を修正した。最終的には15のコードが抽出され，これらを統合して，最終的に1つの包括的概念（theme）と推奨や改善に関して繰り返し現れる3つの概念（themes）を抽出した。そして，「この質的データから生成された概念が量的データの分析へのアプローチを導いた」(p.1486)と研究チームは報告している。
〈量的データ分析〉 p.1486. 選択式質問から得られた量的データを用いて，研究チームは，「研究参加者の年齢，人種，ジェンダー，ホームレスとなっている期間，医療セッティング（入院または救急外来），ホームレスであることの病院スタッフによる評価，退院後搬送計画，退院の時間，即時退院の有無などを記述するため頻度分析を行った」(p.1486)。質的データ分析から得られた参加者の心配事として，安全面及び退院初日におけるシェルター利用の可否があがったため，量的分析における最も重要なアウトカムとして，退院初日に路上で過ごすことを取り上げた。
p.1486（方法－コミュニティへのデータ提示とフィードバック） 本論文のFigure 1が示すように，質的手法とCBPRの手法を使用する際の通常の慣行に従って，調査チームは，データの提示が可能になった段階で，研究参加者と主要なステークホルダーに対しそれを提示している。それぞれのグループから，研究で得られた結果及び地域病院やシェルターにおけるホームレス患者のケアの改善策について，調査チームが正確に捉えているか意見を求めている。このフィードバック過程が，研究参加者から収集したデータを，彼らが暮らす地域のコンテキストにおいて解釈し，提示する上で重要であることを調査チームは感じている。

研究参加者の体験と考えに関するより深い理解や洞察を得ることができるということが示されています。

本論文では織り込み型のナラティブアプローチが用いられていますが，これらの統合的解釈を促進するための別の方法として，比較対照表の形でジョイントディスプレイを用いることができます。本論文では採用されていませんが，本文や表の中のデータを用いて，たとえば表5.9のように質と量の結果を提示することが可能です。

3. 10. タスク10―混合研究法を用いたことによるシナジー

混合研究法を用いたことによるシナジーは，本研究ではCBPRを用いたことによる効果と言えます。ホームレスの患者の体験と考えを深く理解するというプロセスを，図5.2に掲載されているコミュニティの各ステークホルダーと協同で行い，ホームレス者から挙げられた推奨（改善案）に対して，実際にどのような対策をとるか具体的に検討し，実践，評価，調整のサイクルを即座に回していくことにつながっています。研究者とコミュニティがパートナーシップを形成することで，研

表 5.9　質的データと量的データを統合的に示すジョイントディスプレイ　出典：Greysen et al. (2012), p.1486-1488 の内容をもとに本章執筆者が作成

概念	解釈と対象者の語り	量的結果（N = 98）
〈包括的概念〉 連携が不十分であると予想されることによる医療の利用の遅れ	〈解釈〉 過去の経験から，多くのホームレス者ができるだけ医療の利用を遅らせる傾向がある。 〈語り〉 「救急外来にわざわざ行って，『今日は特にできることが何もありませんね。フォローのための診察予約を入れておきます』と言われるのは嫌だと思って……」	受診を遅らせた経験の有無 有り（60%） 遅らせた理由 ―治療が受けられないのではないか（44%） ―シェルターを探すことができないのではないか（42%） ―健康状態について知るのが不安（29%） ―病院でいやがられる（19%） ―病院で危害を加えられる（10%）
〈推奨 1〉 医療者は住居問題が健康問題であると考えるべきである	〈解釈〉 病院スタッフは患者の住宅状況及び他の健康の社会的決定要因について把握することで，よりよく健康問題への対応ができるだろう。 〈語り〉 「病院のスタッフは身体的あるいは医療的ニーズについてだけでなく，この患者にとって安全に過ごせる場所があるのかどうかについてもっと気にかけてほしい」 「住宅支援のサービスにつなげてほしい」	最近の受診の際，治療終了後に帰る家のことを聞かれた（44%） 退院調整の際の検討事項として，長期的な住居問題について話し合った（22%）
〈推奨 2〉 病院とシェルターのスタッフは退院計画の段階でコミュニケーションをとるべきである	〈解釈〉 退院後の滞在先と搬送手段の必要性について病院スタッフが認識していたとしても，退院日にシェルターに入れるとは限らない。 〈語り〉 「ときどき病院とシェルターのスタッフとの間で連絡ミスがあり，シェルターに入れると聞いたのに，行っても入れないことがある」	シェルターに到着したとき，スタッフが病院でのケアや退院時の指示について尋ねてくれた（19%）
〈推奨 3〉 退院計画では安全な搬送手段についても検討すべきである	〈解釈〉 退院後の公共交通機関の利用や夜間の徒歩での移動の安全性に不安を抱いていた。 〈語り〉 「夜遅くに退院する必要がないよう，また，安全な場所まで安全に移動できるよう考慮してほしい」	最近の退院（受診終了）後に滞在した場所 ―シェルター（67%） ―友人・家族・他（21%） ―路上（11%） 暗くなった後の退院経験あり（26%） 病院からシェルターへの移動 ―徒歩（59%） ―タクシー（14%） ―公共バス（13%）

究結果をより早く，実装可能な形で参加者に還元することが可能となっています。なお，p.1488の結果欄（コミュニティへのフィードバックとアクション）にその具体的な成果として，ニューヘイブンにレスパイトケア施設を設立するためのレスパイトタスクフォースが発足したことが述べられています。このように，本研究はデータをとって終わりというものではなく，コミュニティの医療・福祉サービスを改善するための一連の活動の中の要となる部分であり，その後の展開を大きく推進する役割を持っていたことがわかります（表5. 10）。

3.11. その他

　これまで混合研究法の観点から，本論文に関して10の宝探しのタスクを行ってきました。本章の冒頭にも述べたように，CBPRにはコアとなる構成要素が7つあります（図5. 1参照）。すでにいくつかの点は取り上げてきましたが，本論文では，これら7つの要素についてもそれぞれ丁寧に記述されており，CBPR論文として完成度が高いものとなっています。

　まず，コミュニティのステークホルダーとしてどのような人とパートナーシップを築いたのかが記載されており（第1の要素），話し合いを通して，医療機関とシェルターという2つのシステムが重なり合い，その間をホームレスの患者が行き来すること，周辺に行政，慈善団体，ボランティア，診療所などのステークホルダーが存在することを概念モデルとして図5. 2を作成しています（第2の要素）。その上で，課題解決のために何が優先的な研究設問であるかを話し合っています。その結果，当事者中心のデータベースが存在しないため，それを作成することが本研究の目的となりました（第3の要素）。そこで研究デザインとしては，量と質の双方のデータからより包括的な深い理解を得るという収斂デザインを採用することとし，ホームレス者にインタビュー調査を行いました（第4の要素）。次に調査の結果を，ホームレス者を含むステークホルダーにフィードバック

表5. 10　CBPRを用いたことによるシナジーを示す記述　出典：Greysen et al. (2012)

p.1489（結果－コミュニティへのフィードバックと推奨に対するアクション） 最終的に，病院，シェルター，ヘルスセンター，大学，地域団体，行政のそれぞれの代表者17名からなるレスパイトタスクフォースが設立され，毎月コロンブスハウスでミーティングを行うこととなった。「このタスクフォースは，ニューヘイブンのホームレス患者に対しこの地域で初となるレスパイトケア（退院後の回復過程における施設ケア）のための施設設立をめざし，必要な政策や手続きについて検討することを目的としている」（p.1489）と研究チームは述べている。
p.1489（考察） 調査結果を踏まえ，研究チームはCBPRの有用性と研究の意義に基づいて行動を起こすことの利点を検討した。彼らは，「第一に，住民・コミュニティの参加と行動を重要な『結果』として位置づけることで，CBPRでは研究者，医療従事者，住民が，速いサイクルでリアルタイムに学習と適用のサイクルを回していくことができる」（p.1489）と述べている。このサイクルを回していくことにより，調査結果に関連する過去の文献におけるベストプラクティスのディスコースを刷新し，話し合いながら地域で実践，評価，調整を行い続けるというイノベーションを起こすことが可能となった。また，イノベーションに加えてプロジェクトに持続可能性をもたせることが重要であるという地域住民からのフィードバックを踏まえ，「組織間の関係性を構築し，共通の目標をもつことで継続的な協調関係の土台を形成した」（p.1489）ことを研究チームは述べている。

し，解釈についての議論を通して，より妥当性の高い解釈を導き出しています（第5の要素）。そして，さらにその結果・解釈をコミュニティに提示することで次の具体的アクションについて話し合いが行われています。本研究では，結果的にレスパイトケア施設の設立が必要であるということから，それをめざしたレスパイトタスクフォースが結成され，外部資金の獲得につながったと書かれています（第6の要素）。最後に，このパートナーシップはメンバーの変化があった後も継続・発展をとげました。イエール大学においてコミュニティと協働した研究を行うための基盤が広がり，この研究プロジェクトにとどまらずに，より信頼できる協調関係が構築されたと，筆者らは述べています（第7の要素）。以上から，CBPRの7つの要素が網羅された記載になっていることを確認する

ことができます。

■ 4. まとめ

　本章では，混合研究法を用いたデザインである
CBPR論文を取り上げました。この論文のように，
社会正義に基づき，格差や不平等をテーマに扱う
場合，当事者であるホームレス者がどのような体
験をし，どう感じているのかを知ることは不可欠
ですが，往々にして当事者不在の研究も多く行わ
れ，結果が適切に当事者や地域に還元されないと
いう問題がありました。2017年現在，まだ的確
なCBPRアプローチをとった論文は多くはありま
せん。今回の論文のように，忠実にCBPRのアプ
ローチを段階的にこなし，当事者やステークホル
ダーと対等な協力関係を築いて，結果として具体
的な改善のためのアクションへとつなげることが
できているのは貴重な例と言えます。

　CBPRは，公衆衛生，健康社会科学，ヘルスサ
ービス，医療介護福祉政策などの領域では，今後，
ますます重要かつ必須の研究アプローチとなるで
しょう。その際に，混合研究法に関する理解も根
底に必要となります。本章で扱った混合研究法論
文の宝探し10のタスクと，CBPRの7つの構成要

素の両方を念頭において進めていくと，質の高い
CBPR論文を執筆することができるでしょう。

引用文献

Fetters, M. D., Curry, L. A., & Creswell, J. W. (2013). Achieving integration in mixed methods designs-principles and practices. *Health Serv Res. 48* (6 Pt 2), 2134-2156. doi:10. 1111/1475-6773. 12117

Greysen, S. R., Allen, R., Lucas, G. I., Wang, E. A., & Rosenthal, M. S. (2012). Understanding transitions in care from hospital to homeless shelter: A mixed-methods. community-based participatory approach. *J Gen Intern Med, 27* (11), 1484-1491. doi:10. 1007/s11606-012-2117-2

Horowitz, C. R., Robinson, M., & Seifer, S. (2009). Community-based participatory research from the margin to the mainstream: are researchers prepared? *Circulation, 119* (19)., 2633-2642. doi:10. 1161/CIRCULATIONAHA. 107. 729863

Israel, B. A., Eng, E., Schulz, A. J., & Parker, E. A. (2013). Introduction to Methods for CBPR for Health. In B. A. Israel, E. Eng, A. J. Schulz, & E. A. Parker (Eds.). *Methods for Community-Based Participatory Research for Health* (2nd ed.). Jossey-Bass.

武田丈（2015）. コミュニティを基盤とした参加型リサーチ（CBPR）の展望―コミュニティと協働する研究方法論. 人間福祉学研究, *8* (1), 9-25.

介入デザイン論文のトレジャーハント

抱井尚子

■ 1．介入デザインの特徴

　本章では，混合研究法の介入デザインを取り上げます。介入デザインは混合研究法デザインの中では応用型デザインの一つにあたります。「RCT＋」（アール・シー・ティ・プラス）という呼称（Hesse-Biber, 2016）があることからもわかるように，このデザインは，主となる量的研究による効果検証の中に質的研究が補足的に〝プラス〟されている（埋め込まれている）というものです。

　RCTとはrandomized controlled trialの省略であり，日本語ではランダム化比較試験と呼ばれます。RCTは主に医療分野で用いられるものですが，その目的は，特定の治療や介入プログラムの効果を，交絡変数を制御し，恣意性を排除した上で客観的に検証することです。そのため，RCTは医療分野の効果検証において，「黄金律」とされてきました。ここでは，研究参加者を，検証の対象となる処理，つまりは特定の治療や介入プログラムを施す実験群と，処理を施さない統制群に無作為に分け，2群の違いが処理の有無の違いにのみあることを前提とした上で，群間の従属変数の値を比較します。もし2群における従属変数の値に統計的に有意な差が観察された場合は，従属変数に対する処理の効果が実証されたと考えます。

　通常RCTは，実験群と統制群から介入を施す前と後に数量的データを収集し，群間の差を比較することによって効果の有無を検証しますが，混合研究法の介入デザインでは，ここに質的データ収集も埋め込むことで，量的な効果検証の結果のみからは知り得ることのできない，課題への深い理解を探究することを目指します（Creswell, 2015 抱井訳 2017）。RCTに質的データを加え，量的・質的データの統合結果からシナジーの知を発見することが，このデザインの最終的な目的となります。

　介入デザインにおいて質的研究を埋め込むタイミングはさまざまです。埋め込むタイミングによって，質的データが果たす役割も変わります。質的データは，実験前であれば，探索的順次デザイン同様，治療や介入プログラムを開発することや，研究対象者を選定すること，そして事前・事後テストで測定するべき項目を明らかにすることに寄与します。実験中であれば，収斂デザイン同様，治療や介入プログラムが実験群に属する研究参加者にとってどのようなものであるか，現象の複雑性や多面性を捉えることを助けます。そして実験後であれば，説明的順次デザイン同様，量的データで得られた効果検証の結果を，より詳細に説明する目的に貢献します（図6.1）。

■ 2．サンプル論文の特徴

　本章で取り上げるサンプル論文は，ブラットら（Bradt et al., 2015）による音楽介入の効果検証を扱ったものです。本論文の筆頭著者であるヨーク・ブラット（Joke Bradt. PhD）は，2021年現在，米国ドレクセル大学（Drexel University）看護・医療専門職学部クリエイティブアート療法学科の教授であり，公認音楽療法士でもあります。ブラット氏はこれまで，音楽療法に関する多数の著書・論文を出版しています。

　本サンプル論文は，混合研究法の介入デザイン

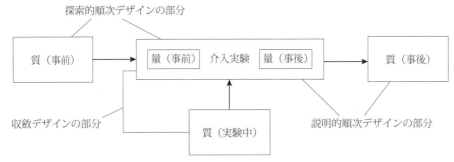

図6.1　介入デザインのダイアグラム―質的デザインを埋め込むタイミングと基本型デザインの関係―

を用いた例としては，非常にわかりやすいものとなっています。その理由は，近年における混合研究法の最新の議論（例えば，Creswell, 2015 抱井訳 2017）を，忠実に反映したような論文になっているからです。混合研究法の手続きの流れを示すダイアグラムや，量的・質的データセットの統合を視覚化したジョイントディスプレイといった，最新のツールが本論文には含まれていることなどが，その具体的な理由として挙げられます。

　まずは，ブラットらによるサンプル論文の縮小版を読んでください。これは，トレジャーハントのタスク用に原著論文（英語）を基にその骨子を短くまとめたものです。内容を理解したら，いよいよ宝探しに挑戦してみましょう。

サンプル論文（縮小版）

ブラット, J., ポトヴィン, N., セスリック, A. 他（2015）

「音楽セラピーと音楽メディシンががん患者の心理的アウトカムと疼痛に及ぼす影響：混合型研究」. サポート・ケア・キャンサー, 23 (5), 1261-1271.（抜粋）

原著論文書誌情報：Bradt, J., Potvin, N., Kesslick, A. et al.（2015). The impact of music therapy versus music medicine on psychological outcomes and pain in cancer patients: A mixed methods study. *Support Care Cancer*, *23* (5), 1261-1271. https//doi: 10. 1007/s00520-014-2478-7

キーワード：音楽セラピー，がん，症状管理，

混合研究法

1．はじめに[1]

　音楽による介入は，不安，化学療法または放射線療法中のストレス，気分障害，及び痛みを含む，がん患者のさまざまな症状に対応するために使用されてきた。治療における音楽の使用については，患者が主体的に行なう音楽鑑賞から，医療従事者によってあらかじめ用意された音楽を鑑賞する音楽メディシン（music medicine: MM），そして音楽療法士とのインタラクションの中で，患者自らが音楽の演奏や歌唱をする音楽セラピー（music therapy: MT）まで，連続体上にさまざまなケアが存在している。コクラン共同計画[2]のシステマティック・レビューの結果は，概して音楽による介入ががん患者の不安，痛み，気分，クオリティ・オブ・ライフ，及び生理学的反応に効果があることを示している。しかしながら，ランダム化比較試験（RCT）を用いてMMとMTによる介入の効果を直接比較する研究はこれまで十分にはなされていない。

　本研究では，質的・量的データの両方を収集・統合する混合研究法を使用し，2つのデータセ

1　原著論文では p.1261 から p.1262 まで。

2　コクラン共同計画とは，健康に関連する意思決定を情報に基づいたより良いものにするために，誰もがアクセス可能な信頼性の高い情報を提供することをミッションとする国際プロジェクトのこと。公式サイト（日本語）は http://www.cochrane.org/ja/about-us を参照。

ットがもつ強みを活かした解釈を得ることを目指す。本研究の目的は，MTとMMががん患者の心理的アウトカムと疼痛に及ぼす影響を，RCTを用いて検証することと，これら2つの介入プログラムを患者がどのように経験しているかを深く理解することである。

2．方法[3]

a．デザイン

本研究は，プラグマティズムのパラダイムに立脚し，ランダム化クロスオーバー試験の中に質的研究を埋め込む混合研究法の介入デザインを用いている。質的データを収集した理由は，（1）がん患者の音楽介入の経験をより深く理解するためと，（2）参加者自身のことばで，彼等のウェルビーイングに対する音楽介入の影響を語る機会を提供するためである。本研究は，機関内倫理委員会（IRB）の承認を受けて実施されている。

b．研究対象

都市部にある病院に調査時入院または通院しており，英語に堪能で，認知障害，精神障害，そして聴力障害を有していない成人がん患者31名が対象となっている。研究参加者の募集は，2012年8月から2013年6月に実施され，最終的に研究参加者の平均年齢は53.8歳，女性は67.7%，アフリカ系が74.2%であった。

c．手続き

成人がん患者31名に対し音楽療法士とのインタラクティブなセッションをもつMTと，事前に録音された音楽を患者が独りで聴くMMの介入をそれぞれ2回ずつ実施した。MTとMMセッションの間には2週間のインターバルが設けられ，介入を受ける順序により，2つのグループに無作為に割付けられている。

研究参加者はMTとMMセッションの両方を経験した。各セッションの前後に，参加者の気分，不安，リラクゼーション，及び痛みに関する量的データを収集している。2つのセッションを完了後は出口面接を行い，MMとMTの経験に関する質的データを収集している（手続きダイアグラムを提示）。MTセッションとMMセッションの詳細は以下の通りである。

MTセッションは，音楽療法士により30〜45分行われた。セッションの目的は，患者がストレスや気分を管理するのを助け，心理社会的支援を提供することであった。簡単な説明の後，現在の不安に関するディスカッション，音楽療法士が患者のニーズに基づいたライブ音楽を提供。患者とともに即興で，楽器を演奏したり，歌を歌ったりした。また，音楽療法士は，患者が音楽によって呼び覚まされた感情や思考を言葉で表現する十分な機会を提供した。

MMセッションは，音楽療法士を介在しない形で30〜45分続いた。研究開始時に，人口統計情報とともに音楽の好みも報告するように患者に依頼した。この情報に基づいて，研究者は個人別プレイリストを作成。MMセッションの開始時に，患者のプレイリストに従って音楽を録音したiPodを配布。患者には音楽鑑賞中は他のことを一切行わないよう注意をした。

d．分析

量的分析

MTとMMの各セッションの前後に収集した，参加者の気分，不安，リラクゼーション，及び痛みに関する量的データは，統計解析ソフトSASを使用して分析を行った。各治療条件の2つのセッションの得点の平均を，事前−事後テストごとに算出した。これらの平均値を条件内と条件間の比較に用いた。この時，歪みのあるデータについてはウィルコクソン順位和検定を使用し，それ以外の場合は対応のあるt検定を使用した。

質的分析

最終的に30名の参加者から出口面接で収集した質的データは，逐語録を作成した後に質的データ解析ソフトMAXQDAにインポートされた後，理論的テーマ分析がなされた。ここで

3　原著論文では p.1262 から p.1263 まで。

の研究設問は，（1）治療上の利益または弊害として，参加者は何を報告するのか，そして（2）彼らは2つのタイプの音楽介入の経験をどのように説明するのか，の2つであった。

　量的・質的データセットの統合

　量的・質的データ分析の完了後，2つのデータセットを比較し，結果が収斂するのか矛盾するのかを検討した。さらに，ジョイントディスプレイ（joint display）を作成することによって，MTとMMの経験における研究参加者のパタンの多様性を検討した。

3．結果[4]

　量的結果

　量的データの分析結果は，研究参加者の不安，気分，リラクゼーション，痛みに対する，MT及びMMセッションの効果には統計的有意差はなく，両介入ともに同様の改善効果があることを示した。

　質的結果

　質的分析の結果，8つの主要テーマが（1）2つの介入に共通するテーマと（2）特定の介入のみに見られるテーマの2つにまとめられた。2つの介入に共通するテーマとしては，MTとMMともに症状管理には効果があったこと，音楽によってがん発症以前の自身の記憶が呼び覚まされたこと，音楽が未来に向かって進む希望を与えてくれたこと，が導出された。特定の介入のみに見られたテーマとしては，例えば，MTについて参加者は音楽療法士とのインタラクションに価値を見出していたこと，MMについては聞き慣れたオリジナルの楽曲にこだわりをもっていたことや自ら音楽を奏でることに抵抗を感じたこと，などが導出された。

　量的結果と質的結果の統合

　MTとMMともにがん患者の症状管理に効果があることが明らかになった点において，量的研究結果と質的結果は収斂していた。量的結

果は介入による改善の程度に示唆を与え，質的結果は音楽介入が改善をもたらすメカニズム，音楽介入がもたらすその他のベネフィット，そして音楽介入がもつ課題やリスクを明らかにした。ジョイントディスプレイを用いて2つのタイプのデータをさらに比較検討することによって，研究参加者がもつ音楽介入の経験と効果には，多様性がみられることが明らかになった。これは，音楽介入のタイプと研究参加者の特性との間に相互作用があることを示唆するものであった。

4．考察[5]

　本研究の結果は，音楽介入の効果検証に関するこれまでの先行研究の結果と一致し，MTもMMもがん患者の気分，不安，リラクゼーション，及び痛みを改善する効果があることを明らかにした。量的研究の結果は，MT及びMM介入は症状管理において等しく有益であることを示した。一方で，質的研究の結果と，量的・質的研究結果の統合により，それぞれの音楽介入ががん患者にもたらすベネフィットは一様でないことを明らかにした（ジョイントディスプレイを提示）。

5．研究の限界と今後の展望[6]

　本研究の結果は，サンプルサイズが小さいことと，研究参加者の大半が女性やアフリカ系アメリカ人であることによる偏りによって，一般化に限界がある。とはいえ，MTとMMの両方の音楽介入に効果があることが本研究で明らかになったことから，今後は異なる音楽介入の効果検証をRCTによって検証するよりもむしろ，症状管理においてこれらの音楽介入をどのように最適化することができるか，がん治療の軌跡においてどのように音楽介入が役立つのか，患者のケアに貢献するMTとMMのユニークな

4　原著論文では，p.1263からp.1267まで。

5　原著論文では，p.1268からp.1270まで。
6　原著論文では，p.1270。

特徴とは何かについて探究することを提案する。

6．結論[7]

　本研究の結果から，がん治療を受ける患者が特にMTを通じて得られる音楽療法士からのサポートに価値を見出していることが明らかになった。したがって，がん治療を受ける患者がMTを利用できるようにしていくことが今後期待される。その時その時の患者のニーズに効果的に応えるために，いずれの音楽介入の使用が適切かを判断する公認音楽療法士による患者のアセスメントが必要であろう。録音された音楽を聴くことによっても強い感情を患者が呼び起こす可能性があるため，さらに多くの音楽療法士が利用可能となることが望ましい。

引用文献[8]

　本章末参照

サンプル論文引用ここまで

■ 3．トレジャーハント（宝探し）

　それでは，次にトレジャーハント（宝探し）のための10のタスクにうつります。

3.1. タスク1―混合研究法を用いる理由

　タスク1は，「混合研究法を用いた理由・根拠を見つける」でした。どのような動機によって，ブラットらは本研究において混合研究法を用いたのでしょうか。混合研究法を用いる具体的な理由は，後述するタスク3の「混合研究法の研究設問あるいは目的を見つける」で回答される部分と重複するかと思いますが，論文の著者がどのように混合研究法の一般的なメリットを捉えているかという点を挙げるとするならば，表6.1の記述に着目することができるでしょう。

7　原著論文では，p.1270。
8　原著論文では，p.1270からp.1271まで。

表6.1　混合研究法を用いる理由を示す記述　出典：Bradt et al. (2015)（表中の記述は論文から抜粋・要約した文章の日本語訳。以下同じ。）

p.1262(方法)
研究チームは，質的・量的データの両方を収集・統合する混合研究法を使用し，2つのデータセットがもつ強みを活かした解釈を得ている。

表6.2　デザインを示す記述　出典：Bradt et al. (2015)

p.1261(要旨)
本研究において研究チームは，ランダム化クロスオーバー試験の中に質的データが埋め込まれている，混合研究法の介入デザインを採用している。

p.1262（方法―デザイン）
質的・量的データの両方を収集し，統合することで，2つのデータセットの長所を組み合わせた上での解釈が可能となる，混合研究法のアプローチを研究チームは使用している。具体的には，質的データ（つまり半構造化インタビューによる出口面接）をRCTの中に埋め込んだ混合研究法の介入デザインを採用している。

　この文章の前半部分は混合研究法がどのようなアプローチであるかその特徴を示していますが，後半部分は混合研究法が2つのデータセットの強みを活かした解釈を導き出すというメリットをもつことを示しており，これが混合研究法を用いる一般的な理由であると言えます。

3.2. タスク2―混合研究法デザインのタイプ

　タスク2は，「混合研究法デザイン・手続きを見つける」でした。これは言うまでもなく，「混合研究法の介入デザイン」が見つけ出すべき宝となります。

　ブラットらによる原著論文には，少なくとも以下の2箇所に混合研究法デザインについての言及があります。最初は「論文要旨」（Abstract）のところで，2つ目は「方法」（Method）のセクションの「デザイン」（Design）という項目の中で触れられています。「混合研究法の介入デザイン」という用語が具体的に何を示すのかも説明されていることに注目してください。このような補足説明は，混合研究法に精通していない読者も未だ少なくないことを考えると，非常に重要であると言えます（表6.2）。

3.3. タスク3—研究設問または研究目的

タスク3は、「混合研究法の研究設問あるいは目的を見つける」でした。この宝についても要旨と本文の両方に見つけ出すことができます。研究において最高司令官的な存在にあるのが研究目的です。なぜならば、研究目的に基づいて研究設問または仮説が立てられ、研究設問または仮説によってデータ収集や分析の方法といった研究アプローチが決定されるからです。つまり、全ての始まりは研究目的にあるというわけです。

先のデザイン同様、ブラットらの原著論文では2箇所に研究目的に関する言及を見つけることができます（表6.3）。「影響を比較する」という表現は量的な実験研究においてよく使用される表現であり、量的研究の目的が2つの音楽介入の効果の比較検証であることがわかります。また、「経験について理解を深める」という表現は質的研究では典型的に用いられる表現であり、開放型の質問を用いた半構造化インタビューだからこそ収集できる、平均値の比較からは掬いきれない個別の参加者がもつユニークな情報の収集が期待されます。

なお、下記の表には含めていませんが、ブラットらの原著論文では、RCTの中に質的データ収集を埋め込む理由に関しデザインの項目の中でさらに具体的に述べています。それが短縮版見本論文にも含めた「質的データを収集した理由は、（1）がん患者の音楽介入の経験をより深く理解するためと、（2）参加者自身のことばで、彼等のウェルビーイングに対する音楽介入の影響を語る機会を提供するためである」という部分です。

3.4. タスク4—混合型研究の哲学や理論

タスク4は、「混合型研究の哲学や理論を見つける」です。哲学や理論については、混合型研究の全ての論文に記載があるわけではありません（Creswell, 2015 抱井訳 2017）。研究では、調査者がどのような視座から世界を捉えるか（世界観）によって、現象に迫るアプローチが変わってきます。混合型研究を支える哲学は一つではあり

表6.3　研究目的を示す記述　出典：Bradt et al. (2015)

> p.1261（要旨）
> 研究チームは本研究の目的を、音楽セラピー（MT）と音楽メディシン（MM）ががん患者の心理的アウトカムと疼痛に及ぼす影響を比較することと、これら2つの音楽介入プログラムに対する患者の経験について理解を深めることと定めている。

> p.1262（序論）
> （先行研究の欠落点の指摘に対する直接的な応答として、）研究チームは（1）音楽セラピー（MT）と音楽メディシン（MM）ががん患者の心理的アウトカムと疼痛に及ぼす影響を比較することと、（2）これら2つの介入プログラムに対する患者の異なる経験について理解を深めることを目指している。

表6.4　混合型研究を支える哲学・理論を示す記述　出典：Bradt et al. (2015)

> p.1262（方法—デザイン）
> 研究チームは、研究方法の優位性に関する先験的スタンスによってではなく、研究設問によって研究方法論は導かれるべきであると信じて、プラグマティズムを彼女たちの哲学的スタンスとしている。その結果、研究チームは混合研究法アプローチを用いている。

ませんが、もっとも一般的に用いられているのがアメリカ生まれの哲学であるプラグマティズムです。プラグマティズムは知識の有用性を重視するため、これを混合研究法の哲学的パートナーとすることで、質的・量的研究を統合することに矛盾を生じさせないという考えが背景にあります（抱井、2015）。

ブラットらの論文では、研究アプローチを決定する上で研究設問が何よりも重視されるべきであるという研究者の信念から、プラグマティズムの哲学に立脚し混合研究法を用いた旨が説明されています（表6.4）。

3.5. タスク5—手続きダイアグラム

タスク5は、「混合型研究のプロセスを描いたダイアグラムを確認する」でした。ダイアグラムとは、混合型研究の実施プロセスをわかりやすく時系列に並べ、各段階でどのような作業を行い、どのような成果物を得るかといった手続きの流れを簡潔に図式化したものです（Creswell, 2015 抱井訳 2017）。

ブラットらによる論文には，p.1264に「参加者フローチャート」というタイトルで，研究参加者のリクルートの流れと，介入試験，出口面接，そしてデータ分析のタイミングがひと目で見て取れる，手続きダイアグラムにあたる図が挿入されています。手続きダイアグラムを論文中に挿入することは，複雑な混合型研究のプロセスを読者にわかりやすく伝えることを支援します。全ての論文にこのダイアグラムが挿入されているわけではありませんが，可能な限り手続きの流れを示す手続きダイアグラムを提示することをお勧めします。

ブラットらによる手続きダイアグラムは原著論文を参照してください。以下の図6.2は，本章担当者が作成した，ブラッドらによる介入実験の流れをフローチャートにした手続きダイアグラムです。

3.6. タスク6─統合の手続き

タスク6は，「質的研究と量的研究がどのように実施され，どのタイプの手続きで統合されたかを見つける。また，ジョイントディスプレイの提示があるかを確認する」でした。ここでの宝探しは，「埋め込まれている」（embedded），「比較される」（compared），そして「ジョイントディスプレイ」（joint display）がキーワードになるでしょう。

ブラットらによる研究は，MTとMMという2つの音楽介入における，がん患者の症状管理効果を検証したものでした。研究の大枠はRCT，つまり量的研究ということになります。このRCTの大枠の中に質的研究が「埋め込まれた」形になっているわけです。ブラットらの研究では，研究参加者がMTとMMの両方の介入を経験した後で，出口面接を参加者全員に行い，それぞれの介入の経験や，どちらの音楽介入を将来使用してみたいかについて尋ねています。データ収集の流れは量と質で時間差がありますので，一見説明的順次デザインのように見えますが，出口面接の対象者や質問内容は先行する量的調査の結果に依存するものではなく，量的・質的調査のデータ分析も並行して行われていることから，介入デザインという応用型デザインの枠組みの中で，基本型デザインの一つである収斂デザインが使用されていることになります。また，ここでの質的研究は，大枠であるRCTでは掬いきれていない研究事象に対する深みや多様性を補足するという意味合いをもっています。

ブラットらは，量的・質的データセットを「比較する」ことで，2つのデータセットは収斂するのか，はたまた矛盾するのかを検討しています（表6.5）。本研究では，2つのタイプの音楽介入はどちらも同じようにがん患者の症状管理に効果があったという結果を示している点でデータセットの収斂を強調しています。さらにブラットらは，「ジョイントディスプレイ」を使用して2つのデータベースを並列することによって，さらに新たな発見があったことも報告しています。それが，音楽

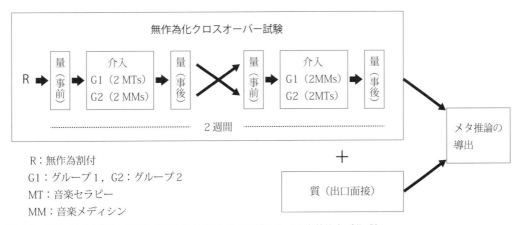

図6.2　RCT（介入研究）の流れを示した手続きダイアグラム（本章執筆者が作成）

表6.5　質的・量的研究の統合を示す記述　出典：Bradt et al. (2015)

p.1262（方法－デザイン） 質的データ（つまり半構造化インタビューによる出口面接）をRCTの中に埋め込んだ混合研究法の介入デザインを研究チームは採用している。
p.1263（方法－データ分析－データセットの統合） 量的・質的データの分析完了後，結果が収斂するか否かを検討するために，研究チームは2つのデータセットを比較している。さらに，量的データによってMMよりMTの効果がより大きかった（またはその逆だった）ことが示された参加者がもつ，異なる経験について明らかにするために，量的・質的結果を並列して示すジョイントディスプレイを作成している。

介入の特徴と患者の特性の間に相互作用が存在するという示唆でした。なお，このジョイントディスプレイについては，必ずしも全ての混合型研究論文に含まれているわけではありません。しかしながら，混合研究法の核が統合であることを鑑みると，ジョイントディスプレイの挿入は重要であると筆者は考えます。ブラットらによるジョイントディスプレイは，タスク7の「報告レベルにおける統合」のセクションでも，後ほど改めて取り上げたいと思います。

　ブラットらによる原著論文のみならず，多くの混合型研究論文において見られる傾向ですが，質と量のそれぞれのデータ源を示す表が挿入されていません。このようなデータ源に関する表は，読者があなたの混合型研究論文を理解する上で大変役に立ちますので，方法のセクションの中で調査手続きについて説明する際に挿入することをお勧めします。

　以下はサンプルとして，ブラットらによる論文をもとに本章執筆者が作成した表です（表6.6）。

3.7. タスク7―妥当性を脅かす要素

　タスク7は，「混合研究法デザインの妥当性を脅かす要素（調査の限界）を探す」でした。クレスウェルとプラノ・クラーク（Creswell & Plano Clark, 2011, p.172）は，混合研究法の質（クオリティ）は，量的研究の「厳密性」と質的研究の「説得性」の両方に支えられるものであると指摘し

表6.6　量的・質的データ源　出典：Bradt et al. (2015)

データ収集のタイミング	量的データ源	質的データ源
各介入の実施前	視覚的アナログスケールで測定した気分，不安，及びリラクゼーションの量的データと，0から10までの数値で痛みを測定した量的データ	なし
各介入の実施後	視覚的アナログスケールで測定した気分，不安，及びリラクゼーションの量的データと，0から10までの数値で痛みを測定した量的データ	なし
全ての介入実施後	なし	インタビューデータ

ています。

　量的研究の場合，研究の質は内的妥当性と外的妥当性を満たすものであり，具体的には，（1）研究設問に合致した，デザイン，理論的枠組み，データ収集方法を用いている，（2）信頼性・妥当性の高い尺度を用いて測定を行っている，（3）適切な統計手法を用いてデータ分析を行っている，（4）適切なサンプリングアプローチを用いている，（5）調査目的に適合したサンプルサイズを用いている（探索的調査に必要なサンプルサイズ，適切な統計手法を用いるのに充分なサンプルサイズを用いている），そして（6）研究結果に妥当性，信頼性，一般化可能性，再現性がある，といった項目が挙げられます。

　一方，質的研究の場合の研究の質としては，（1）研究を質的研究の哲学的前提に基づいて実施している，（2）情報源から得られた根拠を用いている，（3）結果を伝えるために，詳細に富んだ厚い記述を用いている，（4）フィールドにおいて充分な時間を掛けて調査を行っている，（5）自身が研究に持ち込んだバイアスに対し内省的である，（6）研究者自身のデータ解釈の正しさを判断

するためのメンバーチェックを行っている，（7）解釈生み出されるまでの意思決定を詳細に記録している，そして（8）観察されたパタンに当てはまらない反証事例（negative case）も検討している，などが挙げられます（Creswell, 2003 操・盛岡訳 2007；抱井，2011）。

　今回のブラットらによる研究では，まず，サンプルの偏りが妥当性を脅かす要素として挙げられていました。サンプルの偏りについては，論文のほぼ最終部分に出て来る「研究の限界と今後の展望」（Limitations and research recommendations）のセクションで改めて言及されていますが，原著論文の中に出てくる p.1264 Figure 1 「研究参加者フローチャート」や研究参加者の属性を示した p.1263 Table 1 からも見て取れます。例えば，研究のプロセスにおいて，何名かのがん患者を，フォローアップできなくなった，退院した，病状が悪化した，ノンコンプライアンスなどの理由から失っています。これは内的妥当性への脅威に関連します。一方，研究参加者のほとんどが女性，アフリカ系，高卒またはそれ以下，がんの再発なし，外来患者という偏ったサンプルであることが Table 1 「研究参加者の属性」からも見て取れ，これは外的妥当性への脅威と言えます。このあたりの評価については，混合型研究論文の査読を行なう際に，押さえるべき重要点となります（表6.7）。

3.8. タスク8─厳密なデータ収集法・分析法

　タスク8は，「量的及び質的研究の両方で厳密なデータ収集法や分析法が用いられた証拠を見つける」でした。ここで探すべき宝は，一つ前のタスク7で扱った妥当性への脅威とも深く関連する記述であり，研究の質を評価する上で重要となるもう一つのポイントと言えます。

　ブラットらによる研究では，音楽介入であるMT と MM ががん患者の心理的アウトカムと疼痛に及ぼす影響を測定するにあたり，どのような変数に関するデータをどのような方法で収集し，どのようなツールを用いてどのような統計分析を行ったかという点について述べています。また，質

表6.7　妥当性を脅かす要素を示す記述　出典：Bradt et al. (2015)

p.1262（論文 Figure 1　研究参加者フローチャート） フォローアップできなくなった（n=3） 退院（n=1） 病状の悪化（n=1） ノンコンプライアンス（n=1）
p.1263（論文 Table 1　研究参加者の属性） n=31 女性（67.7%） アフリカ系（74.2%） 高卒またはそれ以下（77.4%） 再発なし（71%） 外来患者（71%）
p.1270（本研究の限界と今後の展望） 研究チームは，本研究の結果は小サンプルサイズに基づくものであり，参加者の大部分が女性でありアフリカ系であったことが本研究の結果の一般化可能性を制限するものであると述べている。さらに，MT セッションからすぐに恩恵を受ける患者もいれば，音楽療法士との関係構築により長い時間を要する患者もおり，その場合はより多くのセッションが必要となるだろうと述べている。また，研究に参加した患者がすでに音楽に対して親しみを持っていた可能性が高いことも指摘している。最後に，本研究が研究助成を受けて実施したものであったために患者に対し個別のプレイリストを準備することができたが，そのようなことが全ての環境において可能であるとはいえないことも限界として加えている。

的データに関しても，データ収集にどのような工夫を加え，どのようなツールや分析方法を用いて結果を導き出したかについて述べています。このように，量的・質的それぞれのデータからどのようにして結果が導き出されたのかを明確にすると同時に，結果の妥当性を担保するためにいかなる工夫がなされたのかといった点についても記述しています（表6.8）。

3.9. タスク9─報告のレベルにおける統合

　タスク9は，「結果の解釈と報告のレベルでの統合がどのようなアプローチによって行われているかを探る」でした。ブラットらの論文を例にした場合，「介入デザイン」がデザインのレベルでの統合，「埋め込み」が方法のレベルでの統合を表すものということになります。

　ブラットらによる研究論文における解釈と報告

表6.8　厳密なデータ収集法・分析法を示す記述　出典：Bradt et al. (2015)

p.1263（方法－測定指標とデータ収集）
〈量的データ収集〉 研究チームは，気分，不安，及びリラクゼーションを，100ミリ線の視覚アナログスケール（VAS）で測定している。線の長さは気分のような経験を連続体で表す。疼痛強度は，11ポイントの数値評価スケール（0〜10）を用いて測定している。
〈量的データ分析〉 研究チームは，データをRedCapに入力した後，統計解析のためにSAS/STATソフトウェアにエクスポートしている。各治療条件の2つのセッションの得点の平均を，事前－事後テストごとに算出し，これらの平均値を条件内と条件間の比較に用いている。（歪みのあるデータについてはウィルコクソン順位和検定を使用し，それ以外は，対応のある t 検定を使用している。）
〈質的データ収集〉 研究参加者がどの音楽介入を受けたかについて知らされていないアウトカム評価者が，音楽セッションの直前と直後に量的データを収集している。最後のセッションが終了した後は，同じアウトカム評価者が出口面接を行っている。
〈質的データ分析〉 研究チームは，インタビューの逐語録を作成し，その内容が正確であるかを確認している。逐語録は質的データ分析ソフトMAXQDA 11にインポートされ，2人の研究チームメンバーによってブラウンとクラークによる理論的テーマ分析の手続きを用いてコーディングされている。

（Fetters, Curry, & Creswell, 2013）は，1つ目のナラティブの隣接アプローチとジョイントディスプレイによってなされています。隣接アプローチを用いることで，最初に量的研究の結果を提示し，新たに独立したセクションに質的研究の結果を提示しています。そこには，テーマごとに研究参加者の代表的な語りが表にまとめられています。また，ジョイントディスプレイは，MTとMMの症状管理への効果について，平均値を比べるだけでは見逃してしまう，音楽介入に対する研究参加者の経験の多様性を浮き彫りにするものになっています。ジョイントディスプレイを作成するにあたり，ブラットらは，気分，不安，リラクゼーション，痛みのz値を平均した総合的なz値の変化をMTとMMごとに算出し，それぞれの介入がもたらした効果のパタン（↑MT，↓MM／↑MM，

↓MT／↑MT，↑MM／↓MT，↓MM）によって研究参加者を4つのグループに分類した結果をジョイントディスプレイの左側に記載しており，それぞれのグループに典型的にみられた語りを，今度はジョイントディスプレイの右側に並置しています。このジョイントディスプレイを作成することにより，ブラットらは，それぞれの音楽介入ががん患者にもたらすベネフィットは一様ではなく，音楽介入のタイプと研究参加者の特性との間に相互作用があることを明らかにしました。

表6.9は，ブラットらによるジョイントディスプレイになります。このような表の右端に「メタ推論」の列を加え，2つのタイプのデータを統合した結果何が明らかになるかを列挙していくことで，ジョイントディスプレイを分析ツールとして使用することもできます。この他にも，ジョイントディスプレイは研究計画書の作成にも利用可能となります（Fetters, 2020）。なお，ジョイントディスプレイが結果のセクションに掲載されるか考察のセクションに掲載されるかは論文によって異なる傾向がありますが，ブラットらによる論文では以下のジョイントディスプレイが論文の考察のセクションに掲載されています。

3.10. タスク10─混合研究法を用いたことによるシナジー

最後のタスクは，「混合研究法を用いたからこそ得られたシナジー（相乗効果）の証拠を見つける」でした。シナジーとはすなわち，「1（量的研究）＋1（質的研究）＝3」（Fetters & Freshwater, 2015）となることを意味します。古代ギリシャの哲学者アリストテレスによる「全体は部分の総和に勝る」という有名な格言があります。混合研究法を用いることによって得られるメタ推論（Teddlie & Tashakkori, 2009）とは，量的研究のみ，または質的研究のみでは知り得なかった，2つが統合されることによって生み出されたシナジーまたは付加価値であると言えます。

3.9. で扱ったブラットらが作成したジョイントディスプレイ（表6.9）からは，どのようなシ

表6.9　MT と MM それぞれの効果と患者の経験を並置したジョイントディスプレイ　出典：Bradt et al. (2015),
p.1269, Table 4 を本章執筆者が翻訳

処理による効果	MTによる変化a	MMによる変化a	患者の経験
↑MT，↓MM	0.65 から1.88	-0.11から0.38	・治療的関係とセラピストからのサポートの重要性を強調する
			・音楽を作る際の創造的側面を楽しむ
			・将来に対して希望を持っている
↑MM，↓MT	-0.46から0.59	0.33から1.63	・アクティブな音楽作りに対し居心地の悪さを感じる
			・事前に録音された音楽がもつ親しみやすさを好む
			・がんに関連する感情を探ることをためらう
↑MT，↑MM	0.61から1.07	0.73から1.37	・サポートと希望を与えてくれる音楽の力を強く信じている
			・精神的逃避のために音楽を使う
			・感情の探索とセラピストとの感情処理を重視する
↓MT，↓MM	-0.67から-1.03	-0.52から-1.06	・将来に希望がない
			・音楽は過去の辛くトラウマとなった記憶を呼び覚ます
			・音楽を作ることや歌を歌うことに苦手意識がある
			・オリジナルの曲がもつ美しさを好む

↑大きく改善した，　↓ほとんど改善がないか悪化した

a　総合的な z スコアの範囲（ムード、不安、リラクゼーション、疼痛の z 値の平均）

ナジーの知が生み出されたでしょうか。このシナジーの部分を研究の成果として議論するのが考察のセクションということになるのですが，ブラットらの研究論文の考察部分では，シナジーはどのように記述されているでしょうか。

　ブラットらの論文も，まずは先行研究で何がこれまで解明されてきたかを示した上で，自身が行った混合研究法によって新たに何が明らかとなったか（つまり，統合から導き出されたメタ推論は何か）を記述しています（表6.10）。

3.11. その他

　ここでは，上記10個の宝の他に，本論文に関して特筆しておきたい事柄について紹介させていただきます。

　ブラットらによる論文では，先述した「3.9. 報告のレベルにおける統合（タスク9）」で取り上げたジョイントディスプレイの他に，もう一つ大変創意工夫に富んだ図が使用されています。それは，原著論文の p.1265 に掲載された Figure 2「治療の選好とその理由」です（本章図6.3）。この図

は，出口面接において，将来 MT と MM のどちらを使用したいかという質問に対し，8割近い参加者が MT の使用を希望している回答を棒グラフで示すとともに，治療の選好理由を MT と MM それぞれの棒グラフ上に記載した，大変クリエイティブな図です。この図の基となるデータはインタビューによって収集されたものですが，得られたデータのタイプは度数（数量的データ）と記述データ（質的データ）となりますので，これら2つの情報を統合した図6.3も，ジョイントディスプレイの1タイプと言えるでしょう。

　このように，論文執筆の際に創造力を発揮し，独自の図表を作り出すのも，混合研究法ならではの醍醐味ではないかと思います。

■　4. まとめ

　本章では，RCT の大枠の中で，量的データを補足する目的で質的データを収集・分析する，混合研究法の介入デザインを取り上げました。宝探しの 10 のタスクに沿って，本デザインを用いた混合型研究論文の構成と論文中で押さえるべき重要

表6.10　混合研究法を用いたことによるシナジーを示す記述　出典：Bradt et al. (2015)

> p.1269（考察）
> 研究チームは，本研究により得られた知見はがん患者の音楽療法利用に重要な指針を提供するものであると述べている。そして，本研究の結果が，音楽が患者の気分を高め，不安を軽減し，心を落ち着かせ，疼痛管理をしやすくすることを示したことを報告している。この結果は，音楽の日常的利用が個人のウェルビーイングとエンパワーメント感を高めることを実証したこれまでの研究結果と合致している。しかしながら，研究チームは，混合研究法の分析により，治療によるベネフィットは参加者の特性によることも示されたことを指摘している。ほとんどの参加者が音楽介入を受けることでウェルビーイングがより高まることを経験しているものの，治療のベネフィットに関する参加者の経験や態度に関するジョイントディスプレイによって，特に人生に否定的な見通しをもつ患者にとっては，音楽が苦痛をもたらす可能性があることを示唆したことが報告されている。

ポイントについて，ブラットらによる音楽介入のRCT論文（Bradt et al. 2015）を用いて解説しました。ブラットらによる論文には，現時点で利用可能な混合研究法のさまざまなツールが含まれていることから，混合型研究のサンプル論文として大変有益な例と言えるでしょう。特に本論文のジョイントディスプレイは，量的・質的データ分析の結果を統合することで新たに生み出されるメタ推論，つまり混合研究法を用いたことによるシナジーの知が，どのように生成され得るかを非常にわかりやすく示している点で，必読に値します。

　介入デザインは医療・看護系の研究では頻繁に使用されるデザインと言えますが，人文社会科学系の領域においても有益なデザインと言えます。例えば，教育研究においては，異なる教授法の効果検証を生徒に対して実施する際に使用することで，個々の教授法がもつ効果の差だけではなく，生徒一人ひとりの教授法に対する経験を探究することで，生徒の経験の中にある多様性や，教授法と生徒の特性の間の相互作用も明らかにすることができるでしょう。

引用文献

Bradt, J., Potvin, N., Kesslick, A. et al. (2015). The impact of music therapy versus music medicine on psychological outcomes and pain in cancer patients: A mixed methods study. *Support Care Cancer, 23* (5), 1261-1271. https://doi. org/10. 1007/s00520-014-2478-7

クレスウェル，J. W.（操華子・盛岡崇訳，2007）. 研究デザイン―質的・量的・そしてミックス法. 日本看護協会出版会. （*Research Design: Qualitative Quantitative and Mixed Methods Approaches.* SAGE. 最新版は第5

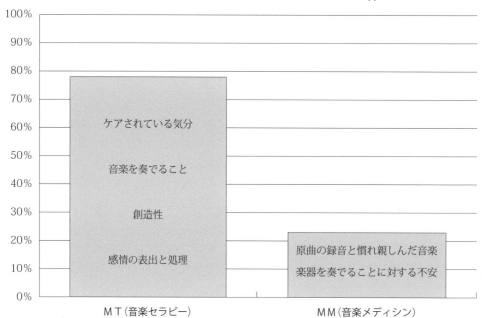

図6.3　治療の選好とその理由　出典：Bradt et al. (2015). p.1265, Figure 2 をもとに本章筆者が翻訳

版，2018）

Creswell, J. W.（2015）. *A concise introduction to mixed methods research*. SAGE（抱井尚子訳（2017）. 早わかり混合研究法．ナカニシヤ出版．）

Creswell, J. W., & Plano Clark, V. L.（2011）. *Designing and Conducting Mixed Methods Research* (2nd ed.). SAGE.

Fetters, M. D.（2020）. *The mixed methods research workbook activities for designing, implementing, and publishing projects*. SAGE.

Fetters, M. D., & Freshwater, D.（2015）. The 1+1=3 Integration Challenge. *Journal of Mixed Methods Research*, *9* (2), 115-117. https://doi. org/10. 1177/1558689815581222

Fetters, M. D., Curry, L. A., & Creswell, J. W.（2013）. Achieving integration in mixed methods designs?principles and practices. *Health Services Research*, *48* (6), 2134-2156. https://doi. org/10. 1111/1475-6773. 12117

Hesse-Biber, S. N.（2016, August）. Qualitative Approaches to Conducting Mixed Methods Research. Workshop conducted at the 2nd conference of Mixed Methods International Research Association. Durham University. Durham. UK.

抱井尚子（2011）. 質的研究の概要．In：末田清子・抱井尚子・田崎勝也・猿橋順子編：コミュニケーション研究法．（pp.131-141）．ナカニシヤ出版．

抱井尚子（2015）. 混合研究法入門─質と量による統合のアート．医学書院．

Teddlie, C. & Tashakkori, A.（2009）. *Foundations of mixed methods research: Integrating quantitative and qualitative approaches in the social and behavioral sciences*. SAGE.

多段階評価デザイン論文の
トレジャーハント

河村洋子，尾島俊之

■ 1．多段階評価デザインの特徴

　実践的な事業やプログラムの評価において混合研究法の有用性は大いに認識されていると言えます。複数の方法を用い多面的に検証することで，より包括的な評価を行うことができ，対象の事業・プログラムの実施に関して必要な改善などの適切な示唆を得ることができます（USAID, 2013）。

　開発途上国の支援を行う米国国際開発庁（US Agency of International Development; USAID）は，混合研究法を事業・プログラム評価活動に活用することを推奨する3つの理由を挙げています。まず，多くの場合，単独の方法では評価するべき観点に対する全ての問いに答えを出すことはできず，評価のために立てる問いが一つであったとしても，多面的な観点が含まれ各観点に応じた方法が必要であること。次に，単独の評価に関する問いに答えを出すとしても，複数の方法を用いることで事象についての理解を深め，より信頼性の高い結論を導くことができること。そして，最後に，2つ目と重複しますが，一つの方法が後続する方法の方向性を決める，言い換えると段階的に異なる方法を用いて，理解を深めるあるいは精緻化していくことができることです（USAID, 2013）。これらの点は，事業・プログラムの場合に限定されるものではなく，一般的な混合研究法の特長であり，混合研究法の多様なデザインを整理する際の基盤にもなっています。

　では，「評価」研究に限定して混合研究法を用いることの優位性にはどのような点があるのでしょうか。本章で取り上げる研究の著者も述べてい

ますが，実社会で実施される公衆衛生のほか，教育，福祉などのソフト的，あるいは交通政策などハード的なものも含めた社会プログラムは，特定の社会枠組みの中の構成要素（人々，組織，環境要因）が動態的に影響し合っている状況で実装されます。理論や実験あるいはシミュレーションなどで検証をされていたとしても，実際にどのようなかたちでプログラムが動き，効果を発揮するのか，枠組みの状況を捉えながら検証する必要があります。この枠組みを捉えることは非常に重要で，このために混合研究法はほぼ必須であると言えます。

　評価研究の特徴として，質的，量的双方において用いられる具体的な方法が極めて多様であると言えます。また全体的なデザインが，例えば順次的でありながら，統合が収斂的に行われることもあるでしょう。このように混合研究法による評価研究が多様性に富む背景には，その実利性の高い目的（評価をする理由。例えば，改善なのか，実施規模拡大に向けた検証なのか，資金提供元に対する支援維持を訴えることを意図した報告なのか）と人々の営みの中でも意図的に動かされている事象を研究の対象としていることが考えられます。全体として意図なく生じている事象や現象を理解する研究よりも，評価研究ではさらに高い柔軟性が求められると言えるでしょう。このような点から，評価研究において混合研究法が用いられる哲学的背景として，プラグマティズム（実用主義）に支えられていると言えます。

　本章で取り上げる研究は評価研究のなかでも特に，研究全体の中の複数段階の目的に応じるよう

にデータを収集分析する工程を含む「多段階評価デザイン」を採ります。事業・プログラムが実装される枠組みは多層構造で複雑であるため，段階的に理論と概念を整理しながら，分析すべき観点に応じるデータの収集と分析を進めていき，順次的に知見を積み上げ，各段階で得た知見を統合して，研究全体の研究設問に答えを出します。

■ 2．サンプル論文の特徴

　この論文は，疾病管理予防センター（CDC）が推奨，実施支援した全米の複数州で展開されているWISEWOMENプログラムの評価のために収集された量的・質的データを基に，より普遍的なベストプラクティスを探求することを目的として実施された，複雑で発展的なデザインによる混合研究法による研究を紹介しています。

　具体的には，まず，CDCが設置した各州の拠点でプロジェクトの立ち上げから完了まで，総合的にパフォーマンス（事業成果）を評価するより，定期的に収集している量的なデータを用いてベストプラクティス事例調査の対象とする拠点を選定しました。そして，量的データの分析結果を基に質的探求を導く概念枠組を構築し，質的データ収集ツールの開発と改善をした上で，そのツールを使用して質的データを収集し，最後にベストプラクティス（の核心）を特定するための質的データを分析するという5段階の手順を説明しています。

　非常に複雑なデザインですが，手続きに関する厚い説明が提供されており，発展的で実践的な混合研究法の展開をイメージでき，プログラム評価分野の混合研究法の実際を教えてくれる論文であると言えます。

サンプル論文（縮小版）

ベスキュリデス，M.，ゼベリ，H.，ファリス，R.，ウィル，J.（2006）
「混合研究法の活用によるWISEWOMANプログラムのベストプラクティスの特定」．プリベンティング・クロニック・ディジーズ（オンラインシリーズ）（抜粋）

原著論文書誌情報：Besculides, M., Zaveri, H., Farris, R., & Will, J.（2006）. Identifying best practices for WISE-WOMAN programs using a mixed-methods evaluation. *Preventing Chronic Disease*, 3(1). [serial online] 2006 Jan. Available from: URL: http://www. cdc. gov/ pcd/issues/2006/jan/05_0133. htm.
キーワード：プログラム評価，生活習慣病，混合研究法

1．はじめに[1]

　公衆衛生の実践において，ベストプラクティスに倣うことについて，異論はないであろう。ベストプラクティスとは特定の場と対象に対して最適な方法を導く過程であると理解できる。通常は実験的であったり，特別な環境下を参考にして提案されたりするため，その特定は複雑である。このようなことから推奨される実践の多くについて，ほとんどの設定で適切ではない事態が生じている。この対策として，既存の現在進行形のプログラムからデータ収集し，混合研究法アプローチにより複数のデータを収集してみることが有用であると考えられる。

　本論文では，混合研究法アプローチを用い，（米国）疾病管理予防センター（CDC）のWISEWOMANプログラムのベストプラクティスを特定する過程を報告する。

2．方法[2]

　混合研究法を用いた評価を実施するために，①RE-AIM[3]のフレームワークを基に総合的にプログラムのパフォーマンス（事業成果）を評

1　原著論文では p.1 から p.2 まで。
2　原著論文では p.2 から p.8 まで。
3　Reach（到達度），Effectiveness/Efficacy（有効性），Adopt（採用度），Implementation（実装度），Maintenance（持続性）の頭文字を取ったもの。RE-AIMはこれらの観点を備えることで，介入プログラムなどの事業の設計・企画や評価の過程において，内的妥当性と外的妥当性の双方を考慮しバランスを向上させることを提案するフレームワーク。

価する方法を開発し，プロジェクトに関する既存の量的なデータを用い事例調査の対象とする拠点を選定，②質的探求を導く概念枠組の構築，③（質的）データ収集ツールの開発と改善，④そのツールを使用した質的データ収集，そして⑤ベストプラクティスを特定するための質的データの分析という5段階の手順を踏んだ。

3．結果[4]

RE-AIM のフレームワークを基にプログラムの総合的な事業成果の評価方法を開発，利用して5プロジェクトから3拠点を選定し，計15拠点の事例調査により，ベストプラクティスを特定した。ベストプラクティスの体系的な決定のための判定手順を開発した。

また，ベストプラクティスを見つけ出す質的探求に必要なツールについて，量的データと同様に RE-AIM のフレームワークを核として概念枠組を構築し，改善を重ねてデータ収集を行った。このような工程を経て，WISEWOMAN プログラムの実践的な現場の様子がよりよく概観できる結果となった。研究対象とならなかった他の州・地域やその中の拠点に提供することを目的としたベストプラクティスの内容が明らかになり，実施された背景・状況に関する情報を合わせて提供することの重要性が確認できた。

4．考察[5]

本研究を進めるにあたり，多くの変更を要したこと，そして実際に現場で観察などして介入の様子を捉えることの重要性などの学びがあった。混合研究法アプローチを用いて，WISEWOMAN プログラムの評価に取り組んだことで，（量的または質的な）単独の方法ではその弱みのために捉えることができない点を相互に補完することができた。本研究のようなアプローチは，現在進行しているプログラムの中からベストプラクティスを抽出するのに有用な方法である。

5．研究の限界と今後の展望[6]

特に，地理的に広範囲をカバーしている拠点ではフォーカス・グループディスカッションの参加者をリクルートするのに難航した。

今後は本研究により特定されたベストプラクティスを，会議などの場で活用できるようなかたちで周知していくことを検討している。（考察にも今後の展望に当たる内容が含まれる）

6．結論[7]

考察参照

引用文献[8]

本章末参照

サンプル論文引用ここまで

■ 3．トレジャーハント（宝探し）

それでは，次にトレジャーハント（宝探し）のための 10 のタスクにうつります。

3.1. タスク1―混合研究法を用いる理由

タスク1の混合研究法を用いる一般的理由として，完璧な単独の方法は存在しないので，評価研究における当該アプローチ活用の有用性を指摘しています。また，本研究はプログラム評価であり，実践的，動態的，多面的な観点が必要であると言えます。著者が指摘しているように，混合研究法によるアプローチは評価研究を強化すると言えるでしょう（表 7.1）。

3.2. タスク2―混合研究法デザインのタイプ

4　原著論文では p.8。
5　原著論文では p.8 から p.9 まで。
6　原著論文では Discussion（p.8-9）と Results（p.8）で言及。
7　原著論文の本文中には該当箇所はなく，Discussion（p.8-9）の箇所の内容が該当。
8　原著論文では p.9。

表 7.1　混合研究法を用いる理由を示す記述　出典：Besculides et al. (2006)（表中の記述は論文から抜粋・要約した文章の日本語訳。以下同じ。）

p.2（はじめに） 研究チームは，量的または質的な単一のいかなる方法も潜在的な弱点やバイアスからは逃れられないという理由から，評価研究に混合研究法を利用することは有用であるとしている。

　著者は「量的，質的双方のデータを用いた探求を統合した混合研究法による評価」と記述しています。そして，（収集した情報の）要約，本研究が対象としているベストプラクティスに当たる実践事項とそれに関する重要な内容（テーマ）の特定，判定手順の使用を含む研究全体を構成する複数段階の目的に応じるように，データを分析したと説明しています。このデザインは，一般的に，「多段階評価デザイン」と呼ばれます（表 7.2）。

3.3. タスク 3―研究設問または研究目的

　論文内で，疾病管理予防センター（CDC）のWISEWOMAN プログラムの中で生活習慣介入活動実施におけるベストプラクティスを見つけることを目的とした評価（の過程）を報告し，この方法を用いて研究チームが学び得たことを検討する，と記述されています。ここから，評価研究自体は，CDC の WISEWOMAN プログラムの中で生活習慣介入活動の実施におけるベストプラクティスを見つけることを目的としたものであることがわかります。

　さらに，本研究による知見で特定のベストプラクティスが，WISEWOMAN の実施にすでに関わっている人あるいはこれから新たに参画する人たちに情報提供する予定であることが言及されています。研究の成果をどのように生かすのかという点を明確にすることは，評価研究のような実践性の高い研究にとって，特に重要です（表 7.3）。

3.4. タスク 4―混合型研究の哲学や理論

　評価研究である本論文を読むとデータを目的達成のために柔軟に活用している様子が伺え，プラグマティズム（実用主義）の哲学に依拠している

表 7.2　デザインを示す記述　出典：Besculides et al. (2006)

p.1（抄録－方法） 研究チームは，量的及び質的な問いを統合する混合研究法を用いて評価研究を行っている。
p.1（抄録－方法） 研究チームは，要約，関心のあるテーマや実践事項の特定，そして判定手順の使用について，複数の段階を経てデータを分析している。

表 7.3　研究目的を示す記述　出典：Besculides et al. (2006)

p.1（抄録－はじめに） 研究の目的は，疾病管理予防センター（CDC）のWISEWOMAN プログラムの中で生活習慣介入活動実施におけるベストプラクティスを特定するための評価（の過程）を説明し，この方法を用いることで研究チームが学んだことについて検討することであった。
p.2（はじめに） 研究チームは，疾病管理予防センター（CDC）のWISEWOMAN（全国の女性のための統合的な健診と（健康）評価）プログラムにおけるベストプラクティスを特定するために混合研究法を用いたアプローチの過程を説明している。
p.2（はじめに） 「多様性に富んだ介入活動の中から，ベストプラクティスを見つけ出すために，マスマティカ・ポリシー・リサーチ社（MPR）が生活習慣介入活動に関する先行研究をレビューし，インタビュー，観察，フォーカス・グループ・インタビューにより質的データを収集した。特定されたベストプラクティスは，WISEWOMAN の実施にすでに関わっている人あるいはこれから新たに参画する人たちに，使いやすいツールキットとして情報提供される予定である」（p.2）と研究チームは報告している。

ことが推測されます。しかし，依って立つ哲学的背景についての明確な記述は論文中にはありません。

　混合研究法の哲学や理論には含まれませんが，本研究のアプローチの中で重要と思われる点を指摘しておきたいと思います。

　方法の箇所では，本研究が 5 段階の工程で構成されていることが説明されています（表 7.4 参照）。ここでは，①事業成果に関する量的なデータを用い事例調査の対象とする拠点を選定，②質的な調査に向けての概念枠組の構築，③（質的）データ収集ツールの開発と改善，④そのツールを使

表 7.4　研究全体の流れに関する記述　出典：
Besculides et al. (2006)

> p.2（方法）
> 混合研究法を用いた評価を実施するために，研究チームは，5 段階の手順を踏んでいる。これらの手順には，「①事業成果に関する量的なデータを用いて，事例調査の対象とする拠点を選定，②質的な探究を導く概念枠組の構築，③（質的）データ収集ツールの開発と改善，④そのツールを使用した質的データ収集，そして⑤ベストプラクティスを特定するための質的データの分析」(p.2) が含まれる。

用した質的データ収集，そして⑤ベストプラクティスを特定するための質的データの分析が含まれます。本研究の特徴の一つに，RE-AIM のフレームワークを用いて，各拠点の事業成果の評価指標を量的データとして用いている点があります。これは，RE-AIM という理論的な枠組みを用いた演繹的プロセスです。そして，その量的なデータに基づき帰納的に判断された拠点が実行している，ベストプラクティスを見つけ出すための事例調査は帰納的プロセスだと言えるでしょう。

　多くの他者が実践できるベストプラクティスを見つけ出すために，後半の質的調査を体系的に進められるように，研究チームは網羅的で盤石な仮説を立てることを試みており，それを説明しています。つまり，質的調査で必要な視点，言い換えれば，問うべき質問項目を備えておくことだと言えます。本研究の第 2 段階がこれにあたり，研究チームはこの箇所を非常に丁寧に説明しています

（詳細は後述）。これは，仮説構築のプロセスである仮説的推論（アブダクション）（赤川，2011）と言えます。仮説的推論はアメリカの哲学者チャールズ・サンダース・パースが 19 世紀に提唱した推論法です。A という事実が観察され，H と仮定した場合に A となることがうまく説明できる場合に，きっと H であろうという仮説を推論するという方法です。これは，単なる観察事実の積み上げ（帰納的）ではなく，観察事実が生じる理由を見つけるというプロセスだとも考えられ，本研究に限らず，混合型研究でこの要素を備えているものは多いと言えるかもしれません。本研究においては，研究者のアブダクションの思考プロセスが詳述してある点は重要な特徴です。

3.5. タスク 5―手続きダイアグラム

　研究全体の流れは文中の記述により説明され，論文中に視覚的な手続きダイアグラムは提示されていませんが，図 7.1 のように描くことができます。

3.6. タスク 6―統合の手続き

　本研究は，5 段階の工程で構成されることが記述されています。この中で，統合の工程であると明確に分かる部分は，第 5 段階です。さらに，先述したようにこの研究は，RE-AIM のフレームワークを基に，量的と質的探索をつなぐためのアブ

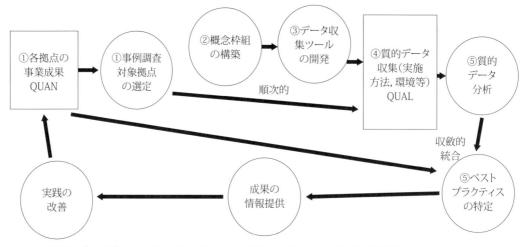

図 7.1　手続きダイアグラム　出典：Besculides et al. (2006) をもとに本章執筆者が作成

ダクションの推論過程をしっかりと記述していま
す。この部分は，研究者間のディスカッションで
進められるものであり，必ずしも論文の中で過程
が説明される部分ではありません。したがって，
厳密な混合研究法とは言えないものの，重要だと
思われますので少し触れたいと思います。

　明確な統合の工程にあたる第5段階について見
てみましょう。研究者は，ベストプラクティスを
見つけ出すために，関係者へのインタビューやフ
ォーカス・グループ・インタビュー，観察により
得た質的データを基に，体系的な決定を可能にす
るルールとなる「アルゴリズム」（判定手順）を
組み立てています。そして図として示しています
（図7.2参照）。何回その実践が観察されたかとい
う第4段階で収集された質的データを基に得られ
た量的データや，第1段階の量的結果である拠点
のランキングを用い，判定手順に沿って判断して
いくことができます。ちなみに，このランキング
とは，RE-AIMの5つの観点からなる公衆衛生的
観点からプログラムの総合的な成果到達度を示す
ものです。

　判定手順は図7.2（論文ではFigure 5）に示す
通りですが，以下簡単に触れておきます。

・ランキングが高位の拠点のみが実行していた
　ら，この実践は「ベスト」であると判断され
　る。
・一方，単独の拠点でのみ実行されている斬新
　なものや，少数の拠点でしかされていない実
　践も考慮できるように，拠点の数に関わらず，
　そのような実践を実行しているのが全て高位
　の拠点であった場合には，「ベスト」とする。
　一方，低位の拠点だけが実行しているときに
　は「ベスト」とはならない。
・高位と低位の拠点双方が行っている場合に
　は，高位の拠点でより良い成果に貢献するよ
　うな違いを生む要素を検証し，それが特定で
　きた場合には，その実践（の要素）をベスト
　プラクティスとする。違いを生む要素が特定
　できなかった場合には，実行している3分の
　2が高位の拠点であれば「ベスト」とする。

　研究者は判定手順に基づき，ベストプラクティ
スを選択したことによる注意点を喚起していま
す。その理由として，第1段階の量的なプロセス
でRE-AIMのフレームワークを用い，丁寧に「総
合的に」公衆衛生的観点により事業成果を評価す
る方法でランキングを出しています。つまり，RE-

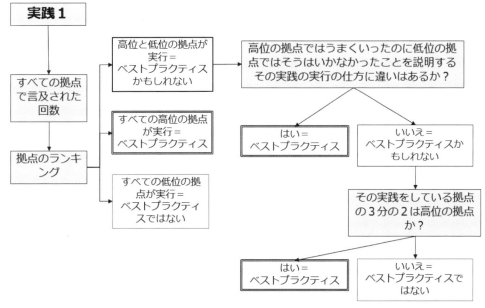

図7.2　ベストプラクティス判定手順　出典：Besculides et al. (2006), p.7, Figure 5を本章執筆者が翻訳・作成

AIM の５つの指標・観点のいずれも強調しないように最善の策を取ろうとしています。一方，判定手順を利用する過程では，拠点の総合的な事業成果を判断材料にしているものの，一部の「実践」という断面の効果を取り上げています。つまり，研究者は，「実践」が一連のシステムの中にあるからこそ，機能している可能性があることを指摘しています。したがって，「ベストであると判断された実践が必ずしも望ましい成果につながっていないかもしれない」としています。この点への対応策として，実践の成功が実行された枠組み（環境・状況）によることを指摘し，最終の成果物となるツールキットにはこのようなベストプラクティスが実行された枠組みに関する情報を提供するとしています。

　用いられたデータ源について（表7.5），量的なものは第１段階「事例調査実施拠点の選定」の箇所が該当します。この段階では，RE-AIM のフレームワーク（図7.3参照）を基に，拠点の事業成果を総合評価する方法を開発し，使用しています。データ源について，本研究は CDC が全米で取り組む WISEWOMAN プログラムの評価であるため，その関連で定期的に収集している利用可能なものを利用しています。具体的には乳がん・子宮がん早期発見全国事業（National Breast and Cervical Cancer Early Detection Program; NBCCEDP）と WISEWOMAN の全体でモニタリングのために収集しているものです。この二つの関係性において，WISEWOMAN プログラムは NBCCEDP の傘の下にあります。また，複数の拠点が，州政府が担当する地域ごとのプロジェクトに含まれます。既存のデータを用いて，RE-AIM のフレームワークの５つの観点から検討された具体的な項目について評価を行いました。

　質的なデータ源は，「第４段階の質的データの収集」の箇所で説明されています。初期データ収集と拠点訪問の２段階で行われています。初期データは，拠点がプロジェクトを運営している環境や参加者への事業提供の状況を把握することを目的にレビューや報告書などの文書，担当している CDC

表7.5　データ源　出典：Besculides et al. (2006) をもとに本章執筆者が作成

量的データ源	質的データ源
第１段階：研究チームは，事例調査を行う介入実施場所を選定するために，RE-AIM のフレームワークにより，拠点の事業成果を総合評価する方法を開発し使用している。総合評価の指標には，既存の乳がん・子宮がん早期発見全国事業（NBCCEDP）と WISEWOMAN の全体でモニタリングのために収集しているデータを用いている。（本章図7.3参照）	第４段階：研究チームは，質的データの収集を，初期データ収集と拠点訪問の２段階に分けて行っている。初期データは，拠点がプロジェクトを運営している環境と参加者にどのようにプログラムを提供しているかを把握することを目的に，（定期的に本部に提出されている）レビュー，報告書，担当している CDC や拠点の地元州政府などの職員との電話による半構造化インタビューで収集している。拠点訪問では，拠点のプロジェクトの企画から実施を担う職員のインデプス（深層）・インタビュー，WISEWOMAN プログラム参加者のフォーカス・グループ・インタビュー，対面・電話・集団などあらゆる介入活動の観察によりデータを収集している。

や拠点の地元州政府などの職員との電話による半構造化インタビューで収集されています。明記されてはいませんが，レビューや報告書などはプロジェクトの進行の過程ですでに出されているものであると考えられます。拠点訪問では，拠点のプロジェクトの企画から実施を担う職員との詳細にわたるインタビュー，WISEWOMAN プログラム参加者のフォーカス・グループ・インタビュー，対面・電話・集団などあらゆる介入活動の観察によりデータが収集されています。

　先述の通り，第２段階の「質的調査に向けての概念枠組の構築」の箇所は本研究の特長の一つであると言えます。この段階で，後述の質的データ収集につながるように，再度，質的データ収集に関する全体的な研究設問を以下のように整理しています。

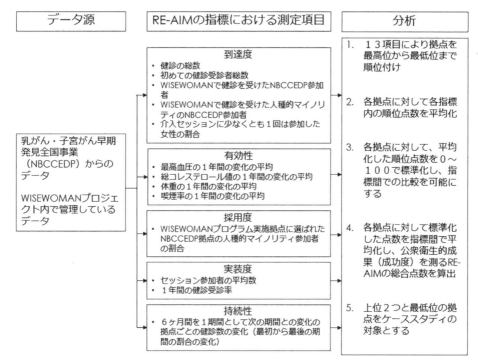

図7.3　RE-AIM のフレームワーク　出典：Besculides et al. (2006), p.4, Figure 1 を本章執筆者が翻訳・作成

・ 選ばれた拠点が行っていた生活習慣介入を計画し，提供する最も効果的な実践は何か。
・ 各拠点はこのようなことをどのように実践していたのか。
・ このような実践は他のプロジェクトや（同じプロジェクト内の）拠点にどのような学びを提供できるか。

　さらに，質的調査での一貫した RE-AIM のフレームワークの活用を核としながら，開発を目指すツールキットが成し遂げるべき最終的な目的（結果）との関係性を示す質的調査の概念枠組を図として提示しています（図7.4参照）。このように，本研究論文では，厳密な統合の工程とは言えないものの，混合研究法を用いる上で私たちが行っていてとても重要であるにも関わらず，研究論文中での言及が少ない「研究者の思考プロセス」のような工程が記述されており，同様の研究をしたいという読者にとって参考になります。

3.7. タスク7―妥当性を脅かす要素

　著者は妥当性を脅かす点に関して，質的データ源として特に重要と思われるフォーカス・グループ・インタビュー参加者勧誘が難航したことを報告しています。特に，広い地域を所管する拠点の女性たちをリクルートするのが特に難しかったことを挙げています。このようないわゆる「到達困難者」こそ，プログラム評価において声を聴くべき対象であり，真のベストプラクティスはこのような聴かれない声に潜んでいる可能性があります。

　次に，判定手順を利用して選ばれたベストプラクティスが，局所的であり必ずしも単独で結果につながるものではないことを指摘しています。この点に関して，実践の成功が実行された枠組み（環境・状況）を同時に捉えることが重要であり，最終の成果物となるツールキットによってベストプラクティスが実行された枠組みに関する情報を提供するとしています（表7.6）。

3.8. タスク8―厳密なデータ収集法・分析法

　量的データの収集と分析に関して，第1段階「拠

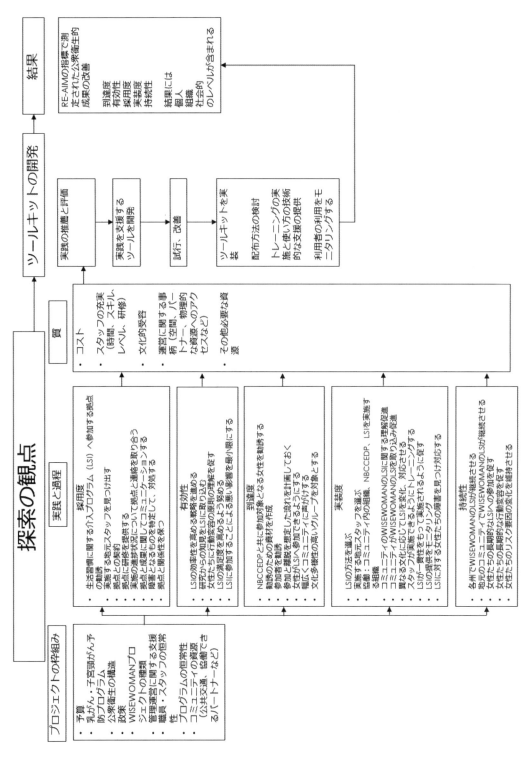

図 7.4　質的調査の概念枠組　出典：Besculides et al. (2006), p.5, Figure 3 を本章執筆者が翻訳・作成

表7.6　妥当性を脅かす要素を示す記述　出典：
Besculides et al. (2006)

p.8（結果−方法の計画と実施の過程の学び） 研究チームは，研究の中で直面した方法論に関する一つの課題として，フォーカス・グループ・インタビューに参加する女性の募集を挙げている。広い地域を所管する拠点の女性たちをリクルートするのが特に難しかったことを報告している。
p.7（方法−第5段階：ベストプラクティスを特定するための質的データの分析−ベストプラクティスの判定手順を当てはめてみる） 研究チームは，ベストプラクティスの論理は注意を持って使用しなければならないいくつかの理由を語っている。「RE-AIMのいずれの視点の重要性も強調し過ぎないという理由から，総合得点は最善の包括的指標として判断できるものである。しかし，判定手順の過程では，私たちは拠点の事業成果の総合得点を基に，特定の拠点の実践の効果を取り上げ判定しようとしている」(p.7)と指摘している。したがって，ベストであると判断された実践が必ずしも望ましい成果につながっていないかもしれず，ある実践の成功は実行された枠組み（環境・状況）によるかもしれないことを認めている。

点選定」の箇所でCDCとRTI（Research Triangle Institute）という2つの組織が共同で行ったことに言及しています。さらに，MRP（CDCから委託を受けたリサーチ会社）とWISEWOMANのコンサルタントのグループもディスカッションに参加し，拠点選定の方法の開発に寄与したことに触れています。このように，誰がどのような役割で関わったかを明記することは研究の工程において厳密性を示すという点で重要です。

次に，データの分析方法に関して，各拠点の事業成果の順位付けの手続きが読者にわかりやすく，段階的に以下のように記述されています。「最初に，拠点はRE-AIMの5つの指標ごとに最高位から最低位まで順位に並べられた。各拠点について順位スコアを平均化した。そして，それぞれの指標の中で，各拠点に対して平均順位スコアを0〜100に置き換え，指標間での比較ができるようにした。各拠点の指標の標準化したスコアの平均を算出し，公衆衛生的成果（成功度）を測定する総合的なRE-AIMスコアを算出した」。また，複数の拠点を含む州などの各地域レベルのプロジェクトのプログラムのデータを別々に分析したことに触

れています。このようにすることで，既存データをRE-AIMのフレームワークに当てはめる処理に生じ得るバイアスを最小限にという考慮がされていると言えるのではないでしょうか。

質的データ収集に関して，まず，量的データ分析の結果に基づき，「最低位と最高位の拠点が特定できたら，研究者が拠点の名前を告げるが，彼らの順位は伝えなかった。このようにすることで，質的データ収集と初期の分析の過程において，順位が拠点の認識に影響を与えないようにした」としています。質的調査の工程で収集するデータの質の担保に重要な点です。

次に，第2段階の「質的調査における概念枠組の構築」の箇所の記述は，データ収集の妥当性と同時に，厳密性を向上するものだと考えることができます。後続の第3段階「データ収集のツールの開発と改善」の箇所と連動し，著者・研究者の思考を読者に明確にするためです。

第3段階は，構築した質的調査の枠組を基にしたデータ収集のツールの開発です。以下のように目的を再度明確にしています。

- 選ばれたWISEWOMANプロジェクトとその中の拠点に関してプログラムが運用される背景・状況，異なる生活習慣介入のデザインと実施の様子，そしてそれぞれの介入活動がそれぞれのプロジェクトや拠点において，サービス提供に対する全体的なアプローチとどのように合致しているのかを十分理解するための十分な情報を収集すること
- 生活習慣介入活動の提供と5つのRE-AIMの観点に基づく実践の詳細な質的データを収集すること
- 各RE-AIMの観点に沿って最も効果的な実践を体系的に検証すること

これらの目的を達成するために，それぞれの異なる情報提供者（調査対象者）用のインタビュー調査，プログラム参加者のフォーカス・グループ・インタビュー，生活習慣介入プログラムの観察の

表7.7　厳密なデータ収集法・分析法を示す記述　出典：Besculides et al. (2006)

〈量的データの収集と分析〉

p.3-4（方法－第1段階：拠点選定）

研究チームは，それぞれのプロジェクトのプログラムのデータを別々に分析し，各拠点の事業成果を，RE-AIM の5つの指標ごとに最高位から最低位まで順位に並べている。各拠点について順位スコアを平均化し，それぞれの指標の中で，各拠点に対して平均順位スコアを0〜100に置き換え，指標間での比較ができるようにしている。そして，各拠点の指標を標準化したスコアの平均を算出し，公衆衛生的成果（成功度）を測定する総合的な RE-AIM スコアを算出している。

研究チームは，プロジェクトのために選ばれた最高位の2拠点と最低位の1拠点の名前を与えられているが，順位については知らされていなかった。このようにすることで，質的データ収集と初期の分析の過程において，順位が拠点に関する研究者の認識に影響を与えることのないようにしている。

〈質的データ収集〉

p.4（方法－第3段階：データ収集のツールの開発と改善）

質的調査の枠組において，研究チームはデータ収集の計画を立て，データ収集のツールを開発している。データ収集のツールは一つのプロジェクトで試行的に利用しデータを把握することができるかどうかを検証している。そして，プログラム全体ではなく，生活習慣介入の部分に焦点を絞ったものになるように，このツールを修正している。質的データの収集には，以下の3つの目標を掲げている。

・選ばれた WISEWOMAN プロジェクトとその地域拠点に関して，プログラムが運用される背景・状況，異なる生活習慣介入のデザインと実施の様子，そしてそれぞれの介入活動がそれぞれのプロジェクトや拠点において，サービス提供の全体的なアプローチにどのようにマッチしているのかを理解するための十分な情報を収集すること
・生活習慣介入活動の提供と5つの RE-AIM の視点に関する実践の詳細な質的データを収集すること
・各 RE-AIM の観点に沿って最も効果的な実践を体系的に検証すること

（p.4）

これらの目的を達成するために，研究チームは半構造化インタビュー調査のガイドをそれぞれの異なる情報提供者（調査対象者）用に作成している。情報提供者は，連邦政府のプロジェクト担当職員，州政府などディレクターやコーディネーター，地元の拠点のコーディネーター，介入の実施者，そして連携先である。研究チームはまた，プログラム参加者のフォーカス・グループ・インタビュー用のガイドを作成している。フォーカス・グループはプログラム参加者で構成されており，参加者が関わる生活習慣介入プログラムの観察用ガイドも作成している。それぞれのガイドはプロジェクトと拠点間で違いが生じないように，体系的で一貫したデータ収集ができるように RE-AIM の観点で整理している。インタビュー用のガイドには質問項目が一覧化されていたが，質問の順序は厳密なものではなく，インタビューアーによって一語一語違わぬように質問されることを意図したものではなかった。図7.4にインタビューで取り上げるトピックを示したが，これは全てのガイドに含まれる内容でもある。

ためのガイドを作成しています。そして，複数のデータ源による質的探求で一貫して取り上げる「トピック」を論文中で示しています。さらに，それぞれのガイドは体系的で一貫したデータ収集を可能にするように，全て RE-AIM の観点で構成されていると述べています。

このように，データ収集ツール作成に関して十分に記述されていることでデータ収集の手続きの妥当性，一貫性を読み取ることができます。「データ収集のツールは一つのプロジェクトで試行的に利用し，うまく把握することができるかどうか検証した。そして，広くプログラム実施の過程ではなく，生活習慣介入の部分に焦点を絞ったものに修正した」とし，ツールの信頼性の検証がされて

いることがわかります（表7.7）。

3.9. タスク9―報告のレベルにおける統合

本研究では，研究デザインが多段階評価デザインであることからもわかるように，解釈と報告レベルにおいて，全体としてナラティブタイプの「段階アプローチ」をとっていると言えます。加えて，「織り込みアプローチ」もとられていると考えられます。

先述のように，判定手順を利用して選ばれたベストプラクティスが，局所的であり必ずしも単独で結果につながるものではないことを指摘しています。これは妥当性の脅威であると認識できます。そして，この点に関して，ベストプラクティスが実

行された枠組み（環境・状況）を同時に捉えることが重要であり，最終の成果物となるツールキットにはこのようなベストプラクティスが実行された枠組みに関する情報を提供するとしています。この部分については，解釈と報告レベルの「織り込みアプローチ」による統合と理解できるでしょう（表7.8）。

3. 10. タスク 10―混合研究法を用いたことによるシナジー

　研究チームは，量的手法と複数の質的手法を用いることで，それぞれの短所を最小化し，全体としての完全性を高めることができたと述べています。そして，このアプローチによって得られた質の高いデータが，実践的で応用可能性が高い，優れた知見を生み出したと言えます（表7.9）。

3. 11. その他

　本研究の重要な特徴の一つに，量的・質的調査の工程で一貫して RE-AIM フレームワークを活用していることがあります。この一貫性を持ったフレームワークの利用により，研究全体で創発的でありながら核となるものを備えたものになっていると言えます。特に，この RE-AIM のフレームワークは視点を広げることを利用者に求める点が特徴的であり，本研究のように混合研究法との親和性も高いものであると言えます。

■　4．まとめ

　本研究は，非常に実践的で，実社会で実践家が直面する可能性の高いプログラム評価を取り上げている点で参考になると言えます。一方で，本研究が取り上げるものは，全米組織が関わる大規模なものであり，「こんな大掛かりなことはできない！」と思われる読者もいるかもしれません。そのような時どうしたらよいのか。本研究は，創造力をもって臨むことを教えてくれています。使えるデータ，アクセスできる情報提供者とのネットワークを駆使して評価研究を行っていきましょう。さらに，本研究が教えてくれる重要な点は，手続きを

表 7.8　「織り込みアプローチ」による報告レベルの統合に関する記述　出典：Besculides et al. (2006)

p.7（方法―第5段階：ベストプラクティスを特定するための質的データの分析―ベストプラクティスの判定手順を当てはめてみる） 研究チームは，ベストプラクティスのロジックに従う際に注意すべき理由を特定している。「RE-AIM のいずれの観点の重要性も強調し過ぎないという理由から，複合得点は，拠点のパフォーマンスを評価する最善の総合的指標であると判断した。しかしながら，判定手順の過程では，拠点のパフォーマンスの複合得点に基づき，特定の拠点における実践の効果を判定した」（p.7）と研究チームは説明している。したがって，「ベスト」であると判断される実践が必ずしも望ましい成果につながるとは限らないとしながら，研究チームは，実践が行われる環境・状況の重要性を認め，ベストプラクティスが行われる環境・状況に関する情報をツールキットが提供することを示している。

表 7.9　混合研究法を用いたことによるシナジーを示す記述　出典：Besculides et al. (2006)

p.8（考察） 研究チームは，WISEWOMAN プログラムを評価するために，量的手法と複数の質的手法の両方を使用している。これら両方を使用することで，それぞれの方法に固有の弱点を最小限に抑え，完全性を高めることが可能になっている。これにより，収集されたデータの適用可能性と質を改善することも可能になっている。さまざまなところから収集されたデータを結合することで，研究チームはさまざまなプログラムがどのようにライフスタイル介入を実装し，実装のベストプラクティスを特定したかについて，より包括的な理解を深めることができたと報告している。

きちんと記述することです。創造的であるからこそ，全体と各段階の目的とそれに応じる方法や調査項目の決定の背景がわかるようにすること。データ収集や分析の手続きも可能な限り詳細に示すこと。頭の中の思考に止めず，記述することで限界と同時に妥当性や信頼性を示すことができるのです。

引用文献

Besculides, M., Zaveri, H., Farris, R., & Will, J. (2006) . Identifying best practices for WISE-WOMAN programs using a mixed-methods evaluation. *Preventing Chronic Disease*, 3(1), A07.

US Agency for International Development (USAID) (2013) . *Conducting Mixed Method Evaluation.*

Technical Note. Version I. https://www. usaid. gov/sites/default/files/documents/1870/Mixed_ Methods_Evaluations_Technical_Note. pdf.（2020年3月28日閲覧）

赤川元昭（2011）. アブダクションの理論. 流通科学大学論集―流通・経営編―, *24*(1), pp.115-130.

事例研究型デザイン論文の
トレジャーハント

本原理子，榊原　麗，エレン・ルビンスタイン，マイク・フェターズ

1．事例研究（ケース・スタディ）型デザインの特徴

　事例研究型デザインは，Creswell & Plano Clark（2018）が提唱する混合研究法の「応用型」デザインの一つと位置づけられます。もともと事例研究では多様なデータを集めることから混合研究法との相性が良いと言われており（Guetterman & Fetters, 2018），事例研究法と混合研究法をうまく組み合わせることで，「より広範，あるいは，複雑な研究設問に取り組むことができる」（Yin, 2012, p.67）と人気が高まってきている研究デザインです。ただ，事例研究型混合研究のデザインの仕方や実施法についてのガイドラインは多く存在しないのが現状です（Guetterman & Fetters, 2018）。

　事例研究法は，社会科学，教育学，ビジネス，法学，健康科学など各分野でさまざまな研究課題に取り組む際に用いられています。Yin は事例研究を「ある現象をその現象が起こっている文脈ごと検討する実証研究法であり，特に調査対象となる現象とその背景の境界が明確でない場合に用いられる」と定義しました（2003, p.13）。また，「実世界の事象の特性を包括的かつ意味を失わずに観察・記録することができるため，複雑な社会現象を理解するのに特に有用な研究法である」（Yin, 2003, p.3）とも述べています。また，事例研究はある特定の時と場所で起こっている現象を細部まで描写することで，読者が経験的な理解を得ることを可能にする研究手法でもあります（Stake, 1995）。したがって，事例研究法は記述的な研究設問（「何」が起こったのか）また，説明的な研究

設問（「どのように」，「なぜ」ある現象が起こったのか）に答えるのに適している研究法だと言えます（Yin, 2012, p.5）。

　事例研究をデザインする場合，まず分析単位つまり「事例」を特定し，何を事例に含め，何を除くかを検討し，境界線（範囲）を決めていきます（Harrison et al., 2017）。個人，グループ，過程，事象あるいは状況が事例となり得ますが，研究課題がぶれないよう，どのようなデータが必要かを見極め，データ管理・分析するために，事例の境界の線引きが必要不可欠です（ただ，この境界線は場合によっては動かす必要が出てくることもあることを覚えておくべきです）。境界線を決めるには，研究参加者，場所，調査対象の過程を特定したり，調査期間を設定します（Harrison et al., 2017）。さらに，単一の事例（single-case）を扱うか，複数の事例（multiple-case）を扱うかを決める必要もあります（Yin, 2012, p.7）。なお，データ収集及び分析は既存の理論に導かれて行われるため，データから理論を導き出すグラウンデッド・セオリーやエスノグラフィーとは対照的です（Meyer, 2001）。

　上述のとおり，事例研究の特色は現象の文脈・背景の探索であると言えます。これは，調査対象となる現象がおかれているありのままの環境からデータを収集することで達成され得ます（Yin, 2012, p.5）。事例研究でよく用いられるデータ源としては，観察，インタビュー，アーカイブ記録，文書及び物理的アーティファクト（人工物）などが挙げられます（Yin, 2012. p.10）。多様なデータ源を使うことで，データ内，また，データ間の一

貫性を確認でき，トライアンギュレーションを行うことで，導き出した解釈が妥当であるか論証できるのです（Yin, 2012, p.13）。事例研究におけるデータは量的あるいは質的のみであることもあれば，両タイプのデータを集める混合型であることもありますが，事例研究型デザインによる混合型研究を行う場合には，量的及び質的データ両方が必要となります。

　事例研究は普遍化が難しいと批判されることがあります。しかし，そもそも事例研究の目的は統計的普遍化ではなく，事例は母集団の「標本（サンプル）」を成すものではありません（Yin, 2003, p.10）。事例研究法を用いる目的は特定の事例から得たデータを使って理論を拡張し，一般化させることにあるのです（Yin, 2003, p.10）。事例研究法は独自の研究デザイン，データ収集及び分析手法を有する系統立った調査方法であると Yin は論じています。

　事例研究は，対象となる現象にスポットライトを当て文脈ごと理解するために，あらゆる研究手法を使うことができる柔軟性が特長（Bustamante, 2017, p.5）であることから，先述のように，混合研究法と組み合わせて使う研究者が増えてきています。Guetterman & Fetters は，事例研究型混合研究デザインを大きく2種類に分類しています。① Case-study mixed methods design（CS-MM）：

事例研究を行う際に，量的及び質的データを収集，分析，統合するデザインと，② Mixed methods-case study design（MM-CS）：混合型研究の一部に質的要素として事例研究を組み込むデザインです（Guetterman & Fetters, 2018）（図 8. 1 参照）。事例研究と混合研究法を組み合わせる利点は多くありますが，一部を以下に紹介します（Guetterman & Fetters, 2018, p.914）。

- 量的及び質的データを集めることで，より包括的な理解を得ることができる（CS-MM　結合による統合）
- 事例についての量的データを使って質的インタビューの対象者を選択する（CS-MM 連結による統合）
- 質的データを用いて測定尺度や調査票を作成する（CS-MM 積み上げによる統合）
- 量的及び質的結果が互いに裏付けられるか，矛盾するか，相関するかの洞察を得ることができる（MM-CS 結合による統合）
- 量的結果をもとに事例を選び，量的データの意味を明らかにする（MM-CS 連結による統合）
- 複数事例の中から，量的結果をもとに豊富な情報を含む際立った事例を選ぶ（MM-CS 連結による統合）

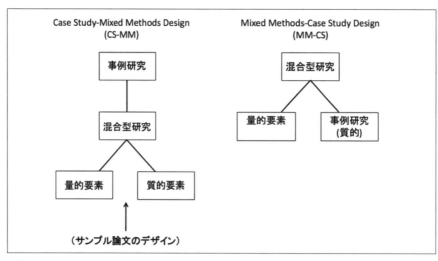

図 8.1　混合型研究と事例研究を組み合わせる2種類のデザイン　出典：Guetterman and Fetters (2018), p.901, Figure1 を本章執筆者が翻訳

・ 事例研究のデータが量的介入やフォローアップ量的研究の設計に役立つ（MM-CS 積み上げによる統合）

ただし，両研究法を組み合わせる場合，サンプリング法や結果のまとめ方などに独特の注意を要します（詳しくは Guetterman & Fetters, 2018 を参照）。

以下では，事例研究型デザインを用いたサンプル論文を例に混合研究法についての宝探しを進めていきます。

■ 2．サンプル論文の特徴

本章で取り上げるサンプル論文は，ブスタマンテ（Bustamante, 2017）によるスペイン語教師対象のテクノロジースキル向上のための TPACK 教員研修プログラムを，混合研究法を用いて評価する事例研究です。掲載された学術誌（*Journal of Mixed Methods Research*）の読者層に合わせて，混合研究法の方法論に注目した論述となっています。特に，データベースを合体させる際のジョイントディスプレイの役割に焦点を当て，統合されたデータの「適合性（fit）」をどう可視化するかを論じることで，収斂デザインを用いた混合型研究の結果をより充実させるプロセスを提示しています。

米国では，英語を第一言語としない人口が着々と増える社会状況を反映して，外国語言語教育や教育現場でどうテクノロジーを活用して学習環境を向上させるかに関心が高まっています。本論文の理論的枠組みとなっている Technological Pedagogical Content Knowledge（TPACK）モデルは，テクノロジー，教授法，指導内容に関する知識を総合的に獲得することが効果的な学習環境を生むと提唱するもので，このモデルの検証・評価が必要とされています。ブスタマンテは，TPACK 理論を基盤に研究デザインを組み立て，混合研究法を用いる根拠を示した後，特に混合研究法の目玉となるデータ統合のプロセスや結果を丁寧かつ創造性豊かに報告することで，これまで量的研究が主だった TPACK 評価に混合研究法を用いるメリットが大きいことを，データに裏打ちされた説得力ある形で論じています。

本論文は，Guetterman & Fetters（2018）の類型では，事例研究に量的及び質的研究を埋め込む Case Study-Mixed Methods Design（CS-MM）に分類され，混合研究法の収斂デザインを用いています。米国ネブラスカ州のオンライン教員研修プログラムを事例とし，理論に基づいて収斂的にデータ収集・分析を行い，量的及び質的データを結合し斬新なジョイントディスプレイにまとめています。また，両タイプのデータを統合することにより，データの適合性を検証しています。混合研究法においては，分析段階での統合が最も難しい課題の一つであると言われる中（Guetterman, Creswell, & Kuckartz, 2015），データ統合及び報告段階における研究者のクリエイティビティは特筆すべき点です。

論文の著者であるブスタマンテ氏はネブラスカ大学リンカーン校で外国語教育学博士号及び混合研究法 Graduate Certificate（準修士号）を取得後，現在ニューヨーク州立大学オールド・ウェストベリー校教育学部助教を務めています。外国語習得，言語教育方法論，教育工学，教員研修，混合研究法などを専門としています。

本論文の掲載されている *Journal of Mixed Methods Research* は，分野を問わず混合研究法を用いた経験的研究や最先端の混合研究法の方法論を論ずる論文，また混合研究法に関する書評を掲載しています。

以下にサンプル論文の概略を紹介します。

サンプル論文（縮小版）

ブスタマンテ，C.（2017）
「TPACK とスペイン語教師：事例研究型混合研究における理論に基づいたジョイントディスプレイの作成」．ジャーナル・オブ・ミックス・メソッド・リサーチ，13(2), 1-16.（抜粋）
原著論文書誌情報：Bustamante, C.（2017）.
　　TPACK and teachers of Spanish: Development

of a theory-based joint display in a mixed methods research case study. *Journal of Mixed Methods Research, 13*(2), 1-16. doi:10. 1177/1558689817712119

キーワード: ジョイントディスプレイ，統合，理論的モデル，収斂デザイン，混合研究法

1．はじめに[1]

米国では，外国語教育現場でテクノロジーの導入が急がれる。本論文では，Technological Pedagogical Content Knowledge（TPACK）理論の枠組みを用いて組み立てられた事例研究を紹介し，事例研究に混合研究法（特に，理論的枠組みに沿ったジョイントディスプレイを使ったデータ統合）を用いるメリットを論じている。ここでは収斂デザインにおけるジョイントディスプレイを用いた質的及び量的データ統合やデータの適合性の可視化についての文献が紹介されている。

2．方法[2]
a．デザイン

本研究は，米国ネブラスカ州でスペイン語教師を対象に実施されたオンライン教員研修プログラムを評価する混合研究法を用いた事例研究である。TPACKモデルを理論的基礎に，テクノロジーに関する技能の習得だけでなく，教授法のベストプラクティスを反映したレッスンプランの立て方やスペイン文化・言語の理解を進めることも念頭にデザインされたプログラムである（p.5）。質的及び量的データを同時に収集し，結合させて分析・報告する混合研究法の収斂デザインを用いることで，従来，量的研究が主であったTPACKモデルの評価をより深めることを目指した。参加者のプログラムでの経験や，その後の指導経験に関する質的研究設問と，プログラム参加前後の参加者のテクノロジー，

教授法，内容に関する知識や，プログラム終了後のテクノロジーの活用度に関する量的研究設問を設け，さらには，参加者の経験を捉えた質的結果が，参加者の知識及びテクノロジー技能の習得・応用率を測定した量的結果をどの程度裏付けるか，という混合型研究設問が設けられた。

b．事例

ネブラスカ州全域（都市部，過疎地を含む）の7〜12年生（日本の中学校及び高等学校に相当する）のスペイン語教師18名が参加したオンライン教員研修プログラム。TPACKの考え方を基礎に，スペイン語授業にどのようにWeb2.0ツール（例：ブログ，Wiki，ポッドキャスト，ポスター，ビデオ，コミック作成ツールなど）を活用できるかを教える独特のプログラムであることから事例に選ばれた。

c．理論モデル

本研究の核となるTPACKとは，教師がテクノロジー，教授法，指導内容に関する知識を総合的に獲得することが効果的な学習環境を生むという考え方で，教える内容についての知識，教え方に関する知識，テクノロジーに関する知識をどのように組み合わせれば効果的な授業ができるかを考えるための理論的枠組みとなる。研修プログラムの基礎となっただけでなく，プログラム評価データの分析を導く理論的レンズとしても用いられた。

d．質的データ

質的データは，複数のポイントで，インタビュー，観察，文書などの多様なデータ源から収集された（本章図8.2手続きダイアグラム参照）。研修プログラム中に，参加者には毎週ジャーナルを記してもらい，総まとめのエッセイも書いてもらった。プログラム最終日には，50分間のグループディスカッションに参加してもらった。プログラム終了直後参加者には個人インタビューを受けてもらった。その後一学期間が過ぎた時点で，プログラムの中で紹介されたテクノロジーの活用状況の観察が参加者の指導す

1　原著論文では p.1 から p.3 まで。
2　原著論文では p.3 から p.7 まで。

る教室において研究者によって実施された。その後続けて，参加者には個人インタビューを受けてもらった。

（1）質的分析

インタビューとディスカッション内容の逐語録を作成し，他の文書及び観測プロトコルとともに MAXQDA ソフトウェアを用いて分析した。TPACK モデルの3要素，テクノロジー，教授法，内容に沿ったコーディングを行い，テーマを抽出した。量的データとの分析段階での統合を見据え，調査票で用いられた尺度を質的分析のサブカテゴリとして加え，テーマ，コード，及び引用句をまとめた表を作成した。

e．量的データ

事例についての詳細を得ることが目的であったため，質的データと同じサンプルから量的データを収集。プログラム前後（18名），プログラム終了から6カ月後（17名）の3回，テクノロジー，教授法，内容に関する知識とテクノロジーの活用度を測定。ACLTI（Adapted Chinese Language Teaching Institute）及び TPACK の調査票を使用した。内的整合性信頼性の検査も行った。

（1）量的分析

調査票の回答を記述統計にまとめた。反復測定分散分析（Repeated-measures ANOVA）で，プログラム前後，及び6カ月後の変化を検証。サンプルサイズ（17名）及び計測時点（3回）が少なかったため，自由度を調整し単変量解析を行った。球面性の仮定が成立するかどうか（被験者内因子の分散が等しいかどうか）を確認するため，Mauchly の球面性検定を行った。TPACK 調査票の一項目のみで構成される尺度には，反復測定分散分析（Friedman test）を行った。分析には SPSS ソフトウェアを使用した。

3．結果[3]

（1）結果の統合とジョイントディスプレイ作成

混合研究法分析を行うために，TPACK モデルを基礎に，質的及び量的結果を並列式及び結果比較式（Guetterman, Creswell, & Kuckartz, 2015）を混合させた形式のジョイントディスプレイにまとめた。TPACK の3要素であるテクノロジー，教授法，内容の相互関係を正確に表すために，表・マトリクス形式ではなく，円形のジョイントディスプレイ（後出，図8.3参照）を作成した。

（2）統合結果のまとめとデータの「適合性（fit）」

質的及び量的データを結合し分析することによって，各データ収集時点での両タイプのデータの「適合性（fit）」，つまり，裏付け（confirmation），拡張（expansion），不一致（discordance）を検証した。TPACK の3要素別に，質的結果，量的結果，両タイプのデータの適合性が，織り込み（weaving）式で報告されている。

4．考察[4]

質的データ及び量的データを統合することで，記述や解釈がより充実したものとなり，対象事例となった研修プログラムの評価をより包括的に，より徹底した形で行うことができた。量的データが参加者の知識の伸びを明らかにする一方，質的データは参加者の声を拾い上げることでより質感と深みのある理解を得ることができた。混合研究法を用いることで，参加者の知識と経験両方を捉えるために適切なデータを集める柔軟性が得られたと言える。研究者は混合研究法にまつわる妥当性（validity）の問題にも言及している。妥当性を高めるために，本研究では，いくつかの方略が実践された。データ収集の際，同じサンプルから，別々のデータ収集手順に沿ってデータを取り，分析の際には，ジョイントディスプレイを作成し，データの一

3　原著論文では p.8 から p.11 まで。

4　原著論文では p.11 から p.13 まで。

致，不一致を明確にした。また，解釈の際には，質的及び量的結果両方を報告した。

データ統合に，理論的枠組みを組み込んだ形のジョイントディスプレイを用いることで，両タイプのデータが裏付け（confirmation），拡張（expansion），不一致（discordance）するかを明確に報告することができた。また，ジョイントディスプレイの種類や作成法（使用ソフトウェアにも言及）も紹介しており，研究にジョイントディスプレイを取り入れたいと考えている読者には大変参考になる。

5．研究の限界と今後の展望[5]

本論文で報告した質的及び量的データの統合を示す斬新なジョイントディスプレイが，混合研究法の難題の一つであるデータ統合プロセスを視覚的に表す独創的な方法の探索や議論の踏み台となることを願う，と述べている。

6．引用文献[6]

本章末参照。

サンプル論文引用ここまで

■ 3．トレジャーハント（宝探し）

それでは，次にトレジャーハント（宝探し）のための10のタスクにうつります。

3.1. タスク1─混合研究法を用いる理由

これまでは量的研究が主流であったTPACK理論モデルの評価を，混合型データを収集・分析することで量的研究あるいは質的研究だけでは捉えられない側面を探索することが可能となりました。また，事例研究法を用いたことで研究設問に答えるために必要なデータを柔軟に集めることができました（表8.1）。

表8.1　混合研究法を用いる理由を示す記述　出典：Bustamante (2017)（表中の記述は論文から抜粋・要約した文章の日本語訳。以下同じ。）

> **p.4（はじめに─理論モデル）**
> TPACK評価は主にアンケート調査票によるものであり，量的研究が主だったことを研究者は報告している。これまでに出版された研究には質的手法を用いたものがわずかに存在するものの，混合研究法を用いてTPACKモデルを評価する経験的研究は非常に限られており，特に外国語教育分野では見られないと述べている。

> **p.4-5（はじめに─理論モデル）**
> 研究者はTPACKを基とした外国語教員のための研修プログラムを深く理解する目的で事例研究型混合研究を実施した。質的・量的手法の統合なしに，包括的な測定は不可能であったと述べている。

3.2. タスク2─混合研究法デザインのタイプ

本研究は，事例研究型混合研究デザインを枠組みとしています。その中で，研修プログラム参加者の経験をインタビューや観察などの手法で質的データとして収集すると同時に，アンケート調査票でプログラムのアウトカムを定量的に測定し，その結果を統合する収斂デザインを用いています。これにより，本研究は質的・量的のどちらかのタイプのデータのみでは捉えきれない側面を明らかにすることを目指しました。また，事例を綿密に捉えることが研究目的であったため，各研究工程で同一のサンプルを用いました。このように，研究設問に適したサンプル抽出法と，デザインに合ったデータ収集のタイミング（収斂デザインの場合は同時サンプリング）を決める必要がありますが，混合型研究では特に，量的及び質的研究両方から意義のある結果を導き出すことができるか，また，結合による両タイプのデータの統合が可能かを熟考することが必須です（Fetters, 2020）（表8.2）。

3.3. タスク3─研究設問または研究目的

本研究では，質的研究設問，量的研究設問並びに混合型研究設問が設定されています。混合型研究の目的は，研修プログラム参加者の知識やテクノロジー導入に関する計測データの量的結果を，質的結果で明らかになった参加者の経験がどの程

5　原著論文ではp.13からp.14まで。
6　原著論文ではp.14からp.16まで。

表8.2　デザインを示す記述　出典：Bustamante (2017)

p.5（方法）
研究者は，TPACK を基としたプログラムを詳細に調査するために，質的データと量的データの両方の収集と分析を行う，混合研究法の事例研究型デザインを選択した。
p.5（方法）
研究者は，事例についての理解を深めるために，収斂デザインを用いている。
p.5（方法）
研究者は，収斂デザインの事例研究型混合研究法を用いている。つまり，事例に関する質的及び量的データ収集が同時に行われ，質的及び量的データのそれぞれのデータ収集は，互いのデータ分析の結果に依存していなかった。
p.5（方法）
研究者は，事例を綿密に描写することを目的とし，質的工程と量的工程において同一のサンプルを使用している。ここで量的工程は，プログラムのアウトカムを測定する役割を担っている。

表8.3　研究目的を示す記述　出典：Bustamante (2017)

p.3（はじめに－事例）
研究者は，質的及び量的研究設問に基づいて，混合型研究設問を導き出している。本研究で設定された混合型研究設問は，「研修プログラム参加者の知識やテクノロジー導入に関する計測データの量的結果を，質的結果で明らかになった参加者の経験がどの程度裏付けるか」(Bustamante, 2017, p.3)を検証することであった。
p.5（方法）
ブスタマンテによるこの研究は，スペイン語教師のための Web 2.0 テクノロジー研修プログラムを，参加者の経験及びプログラムのアウトカムデータの両方を使って検証したものである。

表8.4　混合型研究を支える哲学・理論を示す記述　出典：Bustamante (2017)

p.4（はじめに－理論モデル）
このモデルの構成要素は，教員研修プログラムの形成を助けただけでなく，本研究のデータ分析を導く理論的レンズとなった。
p.8（方法－結果の統合）
研究者は，TPACK モデルの要素を TPACK 調査に埋め込んでいる。さらに，これらの要素は，ACLTI 調査票の尺度の分類や，質的分析におけるコードやテーマの分類にも用いられている。質的及び量的データ収集の意図的なマッチングについて説明し，「研究過程でこれらの理論的構成要素を意図的に組み込むことで，両タイプのデータの統合やジョイントディスプレイの開発につながった」(Bustamante, 2017, p.8)と報告している。
p.12（考察）
本研究において，理論モデルが，データ統合の概念化を助けただけでなく，結果の比較やデータの適合性をジョイントディスプレイに視覚化する上でもいかに助けになったかを，研究者は説明している。
p.13（考察）
研究者が用いた理論モデルは，質的及び量的データ収集，分析，及びデータ統合の指針となった。両方の工程に共通する構成要素をデータとして収集することで，質的・量的結果の比較と適合性の評価が容易になっている。さらに，理論モデルのもともとの表現を参考にすることで，両タイプのデータを比較するためのデータの整理も容易になっている。研究者は，結果を図として簡略化することで，2種類のデータ間の一致・不一致を評価し，混合型研究設問に答えることに成功している。
p.13（結論）
研究者は，TPACK 理論の枠組みが「初期段階及び質的・量的分析の個々の段階において，収集された膨大な量のデータを効率的に分類する指針となる」(Bustamante, 2017, p.13)ため，プログラムの評価において理論的枠組みを使用することには価値があると報告している。

度裏付けるかを検証することである，と述べられています（表8.3）。

3.4. タスク4―混合型研究の哲学や理論

　本研究では，TPACK モデルが理論的枠組みとして用いられています。このモデルの構成要素は，研修プログラムの内容を決定するのみでなく，データ収集（調査票や尺度）や分析（コードやテーマの分類），統合（ジョイントディスプレイ作成やデータ統合による「適合性（fit）」の検証）の過程にも組み込まれており，TPACK 理論が本研究の骨

子となっていると言えます（表8.4）。

3.5. タスク5―手続きダイアグラム

　本研究の手続きダイアグラムは図8.2を参照してください。質的研究の主要手続きはダイアグラム左側の白い箱に，量的研究の手続きは右側の黒い箱に示されています。一番左に示されたタイムラインからもわかるように，質的及び量的データ収集及び分析手続きが同時進行で行われました。

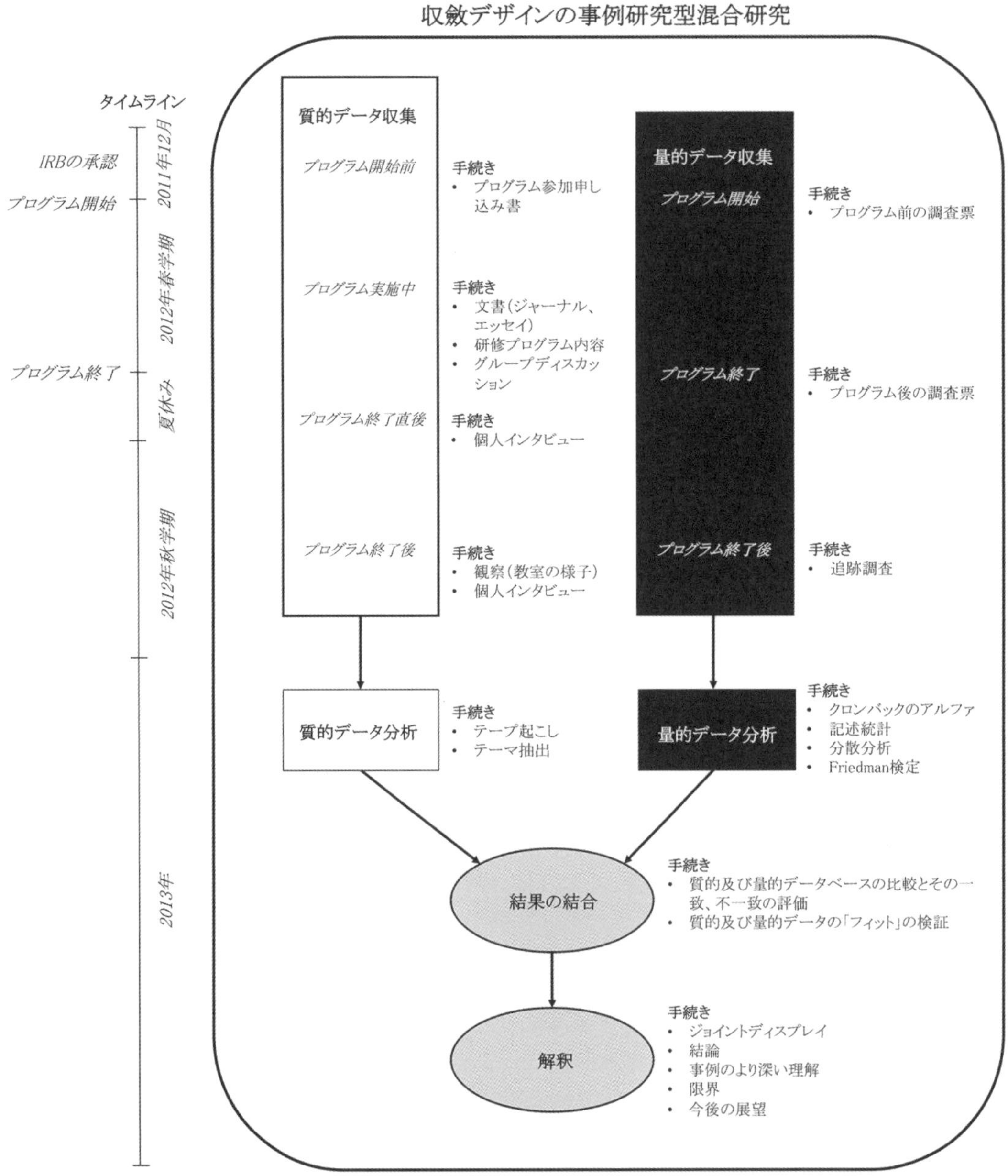

収斂デザインの事例研究型混合研究

図 8.2　手続きダイアグラム　出典：Bustamante (2014); reprinted in Bustamante (2017), p.6, Figure2 を本章執筆者が翻訳

また，質的及び量的データ結合及び解釈段階は灰色の楕円形で示されています（p.6）。

3.6. タスク 6 ─統合の手続き

　収斂デザインを用いた混合型研究における統合は，研究法デザインレベルではデータベースを合体させて結合させる方法，また，解釈及び報告レベルでは，ナラティブ，データ変換，ジョイント

ディスプレイを通した方法で可能となります（本書第 1 章参照）。本論文では，統合の手続きとして，質的及び量的データベースの合体，ジョイントディスプレイの作成と織り込み式の報告を通してデータの適合性を判別し，両タイプの結果を統合的に解釈することで，質的及び量的研究結果からの推論だけでなく，両方の結果を考慮したメタ推論を行っています（図 8.2）。

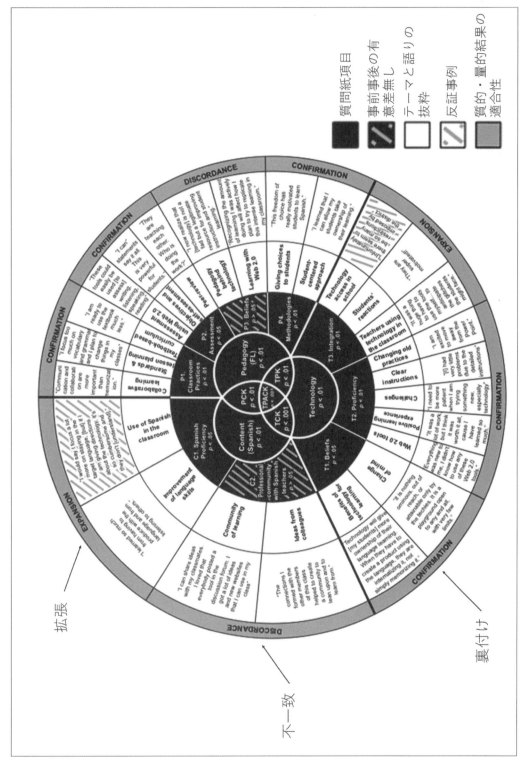

図 8.3　TPACK モデルを基に質的データと量的データを統合的に示す円形ジョイントディスプレイ　出典：Bustamante (2017), p.9, Figure3 を本章執筆者が一部翻訳

統合の一つの重要な手段となっているジョイントディスプレイには，Guetterman, Creswell, & Kuckartz（2015）による並列式（side-by-side）ディスプレイ及び結果比較式（comparing results）ディスプレイを組み合わせたものを採用し，質的及び量的結果を一つの図に視覚化し，同時に，二つのデータベースの一致・不一致を示しています。理論モデルを基盤に作られた円形のジョイントディスプレイを用いることで，データの統合と，両タイプのデータの適合性を明確に表現しています。現在，データ統合に用いるジョイントディスプレイは，テーマやコードなどの質的データと量的データを並置させ，統合の解釈を示す表形式が主流ですが，研究者は斬新な円形のジョイントディスプレイを示すことで，統合の手続きにまつわる今後の発展の可能性を広げていると言えます（表8.5）。

3.7. タスク7―妥当性を脅かす要素

本研究ではデータ収集，分析及び解釈の段階で量的及び質的研究部分で同一のサンプルを使い，結果をジョイントディスプレイにまとめ，結果の報告段階で量的質的双方の結果を報告することで，混合研究法の妥当性を脅かす要素を最小限に抑える努力がなされたと報告されています。また，複数データ源からデータを取り，結果の交差検証を行ったり，参加者によるチェックを入れるなどの手段も取られています（表8.6）。

3.8. タスク8―厳密なデータ収集法・分析法

本研究では，事例研究デザイン（Stake, 1995）に従って，事例の全容を捉える目的で，複数のデータ源からデータを収集し，結果を交差検証しました。さらに，事例の描写及び結果を参加者に確認してもらい，正確性を確認しました。上記の手続きダイアグラムにあるように，質的データは，プログラム中，終了直後，終了から一学期経過後の3回，インタビュー，グループディスカッション，授業の観察や，日記やエッセイといった文書から，また，量的データは，プログラム開始前，終了

表8.5　質的・量的研究の統合を示す記述　出典：Bustamante (2017)

p.9（結果） 研究者は，TPACK モデルの3つの理論的要素（Mishra & Koehler, 2006）に基づいて，両タイプのデータが裏付け，拡張，または不一致（Fetters et al., 2013）するかを系統的に検討し，質的及び量的データの適合性を評価した。
p.8（方法―結果の統合）―推論及びメタ推論を引き出す 質的及び量的データ収集と分析後，研究者は混合型データ分析を行うために両タイプのデータを統合した。こうすることで，別々に行われた質的及び量的研究結果からの推論だけでなく，両方の結果を統合し，メタ推論を引き出すことが可能となった。
p.8（方法―結果の統合）―適合性の検証 2つのタイプの調査結果を統合するために，研究者は量的及び質的結果を比較し，これらがどの程度一致または不一致するのかを評価し（Creswell & Plano Clark, 2011），結果の結合から得られたデータの適合性を判定した（Fetters et al., 2013）。
p.13-14（結論）―ジョイントディスプレイ 研究者は，ジョイントディスプレイの使用に関するいくつかの方法論的貢献を明らかにしている。事例研究型混合研究のデータ統合過程において理論的枠組みを用い，2つのデータの適合性を検証している。その際，出版されたばかりのジョイントディスプレイ作成ガイドライン（Guetterman, Creswell, & Kuckartz, 2015; Guetterman, Fetters, & Creswell, 2015）に沿って本研究のジョイントディスプレイを作成している。

表8.6　妥当性を脅かす要素を示す記述　出典：Bustamante (2017)

p.7（方法） 研究者は，正当化の原則を用いて分析の質を検討している。複数のデータ源（文書，インタビュー，観察など）からデータを取り，結果を交差検証した。さらに，事例の描写及び結果は正確性の確認のために参加者にEメールで送られた。
p.12（考察） 研究者は，妥当性を脅かす潜在的要素を最小限に抑えるために，いくつかの方略を用いている。データ収集に関しては，質的及び量的研究工程で同一のサンプルを用いたが，異なるデータ収集手続きを用いている。データ分析に関しては，量的及び質的結果の一致・不一致を明らかにするためにジョイントディスプレイを活用している。解釈に関しては，質的及び量的結果両方を報告している。

後，追跡調査時の3回，ACLTI 調査票及び TPACK 調査票にて収集されました。双方の調査票に対して，内的整合性による信頼性の検証が行われまし

表8.7　量的・質的データ源　出典：Bustamante (2017)
をもとに本章執筆者が作成

量的データ源	質的データ源
プログラム前後の調査票と追跡調査	個人インタビュー及びグループディスカッション 観察（授業の様子） 文書（ジャーナル，エッセイ）

た。なお，本研究における質と量のそれぞれのデータ源を表8.7にまとめました。

　質的データ管理と分析には，MAXQDAソフトウエアが使用されています。分析では，本研究の骨子となるTPACKモデルの主要素に沿ってデータを整理し，コードマップにまとめることで，テーマ抽出を行いました。また，質的データのコードマップに量的工程で用いた調査票の尺度の名称を組み込むなど，混合型研究のメインとなる質的及び量的データの統合を見越した形で分析が進められました。量的分析にはSPSSソフトウェアが使用されています。表8.8の通り，サンプルサイズ及び計測時得点などを考慮した解析が行われました。

表8.8　厳密なデータ収集法・分析法を示す記述　出典：Bustamante (2017)

p.6（方法） 事例研究デザイン（Stake, 1995）に従って，研究者は複数のデータ源を分析している。インタビュー，観察，及び文書データが，研究の複数の時点において収集されている。 プログラム実施中：参加者は，学習経験について毎週日記をつけ，最後にまとめのエッセイを書いた。プログラム最終日には，50分間のグループディスカッションが行われ，録音された。 プログラム終了直後：学習経験について個人インタビューが行われた。 プログラム終了から一学期経過後：参加者がプログラム中に学んだテクノロジーを授業に導入している様子を観察した。観察直後にインタビューを再度実施。
p.6-7（方法－質的分析） 研究者は，録音されたインタビューとグループディスカッションを書き起こし，これらのデータと観測プロトコルをMAXQDAソフトウェアにインポートした。TPACKモデルの理論的なレンズに基づく先験的コードとして，テクノロジー，教授法，及び内容を使用した。各要素のためのコードマップを作成し，テーマ抽出の助けとした。質的及び量的結果の統合という分析の最後の段階を見据え，テクノロジー，教授法，内容の各コードマップ内に，量的工程で用いられたACLTI調査票の尺度の名称をサブカテゴリとして各マップに書き加えた。3つのマップの各サブカテゴリ内のコードをテーマにまとめていく作業を行い，結果を整理するために，テーマ，コード及び質的データ源から引き出された文章などを含む表が作成された。
p.7（方法－量的分析） 本研究では，事前，事後，及び追跡アンケート調査を行っている。［…］Creswell（2002）に依拠し，事前・事後調査の結果を比較することで，事後調査のみを実施するよりも，研究対象の特性についてより明確な理解を得ることができると研究者は考えている。
p.7（方法－量的分析） 研究者は，参加者のテクノロジー，教授法，内容に関する知識及び授業へのテクノロジーの活用度を測定するために2つの調査票を用いている。ACLTI調査票では，いくつかの領域を測るリッカートスケール項目が，TPACK調査票では，TPACKのいくつかの領域を測るリッカートスケール項目が用いられている。研究者は，双方の調査票に対して，内的整合性による信頼性の検証を行っている。
p.7（方法－量的分析） 研究者は，SPSSを使用して，調査票から得られた数量的項目得点を分析するために，記述統計を算出した。反復測定分散分析（Repeated-measures ANOVA）を使用して，プログラムの開始から終了までの有意差を検証した。サンプルサイズが小さく（N=17），3つのデータ収集ポイントがあるため，必要に応じて自由度を調整し単変量解析を行った。球面性の仮定が成立するかどうか（被験者内因子の分散が等しいかどうか）を確認するため，Mauchlyの球面性検定を行った。TPACK調査票の一項目のみで構成される尺度には，反復測定分散分析（Friedman test）を行った。

3.9. タスク9―報告のレベルにおける統合

本論文では，ジョイントディスプレイと織り込み式の報告手法を用いて，質的及び量的データを統合した結果を報告しています。ジョイントディスプレイは，量的及び質的結果の関連する側面を視覚的に表すことによりメタ推論を導き出す混合型研究の分析方法である一方，統合されたデータの分析結果を報告する目的でも使用され得ます（Fetters, 2020）。

調査対象であった概念の相互関係性を反映するために，研究者は従来の表やマトリックスではなく，結果と根底にある理論的レンズをより正確に表すことができる円形のジョイントディスプレイを選びました。ジョイントディスプレイには，中心に分析の指針となった TPACK モデルを置き，TPACK 調査票の尺度を黒色で表し，当初の量的結果を記しています。もっとも中心部にある黒色の輪は，ACLTI 調査票の尺度と統計数値が，TPACK モデルの主要構成要素に沿って配置されています。この数値は参加者のテクノロジー，教授法，内容についての知識のベースラインからの変化を示しています。二番目と三番目の輪には，TPACK モデルの各カテゴリについての質的データから導き出されたコードやテーマが記されています。統計的に有意でなかった結果及び<u>否定的な</u>質的結果は，裏付けできなかった，あるいは，不一致であったことを示すために斜線で表されています。一番外側の灰色の輪は，質的及び量的結果の収斂を示しており，データ統合における適合性が，「裏付け（confirmation）」「拡張（expansion）」「不一致（discordance）」として表されています。手続きダイアグラムと同様に，黒色は量的データを，白色は質的データを，灰色は統合されたデータを示しています。また，ディスプレイに記号一覧を示すなど，読者にわかりやすいよう工夫されていることも参考になります（図 8.3）。

ナラティブ報告のセクションでは，TPACK モデルの各主要構成要素（テクノロジー，教授法，内容）について，質的結果，量的結果及び統合結果（データの適合性）が織り込み式で報告されていま

表8.9　報告のレベルにおける統合を示す記述　出典：Bustamante (2017)

p.10（結果） ジョイントディスプレイの質的データのテーマとそれに対応する引用句全てに反映されているように，参加者はこのタイプの研修プログラムの利点について肯定的に話していることを研究者は見出した。「ディスプレイの一番外側の輪に示されているように，教室での実践，評価，及び方法論についての質的及び量的結果が一致していることが明らかになった。これは参加者の肯定的な発言とそれに対応する尺度の有意水準に裏付けされている」（Bustamante, 2017, p.10）。
織り込み式の報告（抜粋） p.10-11（結果） 研究者は，参加者が質的分析の全ての側面を通じて一貫して肯定的な学習経験を報告していることを見出した。ジョイントディスプレイの外側の輪に示されているように，テクノロジーに対する信念や習熟度に関する質的及び量的結果は，参加者からの肯定的な言葉や該当する尺度の統計的有意性からわかるように，互いに裏付けていることが明らかになった。
p.11（結果） 研究者は，量的結果から，テクノロジーの統合が著しく進んだことを発見した（$Mpre = 37.353$, $Mpost = 71.235$, $p < .01$; $Mpre = 37.353$, $Mfollow\text{-}up = 67.421$, $p < .01$）。これは，参加者が授業にテクノロジーを活用する備えをするのに研修プログラムが有効だったことを示している。しかしながら，質的な結果［…］によって明らかになったように，学校内におけるテクノロジーへのアクセスの大きなばらつきが，実際の教室でのテクノロジー導入に影響を与えていた。研究者は，「質的及び量的結果を統合したことで，授業へのテクノロジー導入に関する理解を深めるために今後さらに調査が必要な問題点が明らかになった」（Bustamante, 2017, p.11）と述べている。

す（表 8.9）。

3.10. タスク10―混合研究法を用いたことによるシナジー

本論文では，データ統合することで明らかになるデータの適合性についても論じられています。Fetters et al.（2013）によると，データの適合性（fit）とは，量的及び質的結果を統合した際の2つのデータベースの適合性を表す概念で，2つのデータベースの結果がお互いを「裏付け（confirmation）」する場合，2つのデータベースの結果が対象の違う側面を明らかにし，研究対象の現象に対する理解が「拡張（expansion）」される

表8.10　混合研究法を用いたことによるシナジーを示す記述　出典：Bustamante (2017)

p.2（はじめに） 研究者は，TPACKモデルに基づいた斬新なジョイントディスプレイを使用し，インタビュー，観察及び文書の質的結果とプログラム前後，追跡アンケート調査の量的結果を統合させた。ジョイントディスプレイを使用したことで，質的量的双方の結果に一致あるいは不一致が生じているかを分析する助けとなった。
p.8（方法−結果の統合） TPACKモデルの視覚的表現を通して，研究者はジョイントディスプレイを使用して調査結果を示した。「これらの手続きを踏むことで，Collins, Onwuegbuzie, & Sutton（2006）が提唱する質的及び量的データを混合する根拠である，厚みのある情報豊かなデータ，あるいは有意性の向上につながった」（Bustamante, 2017, p.8）と報告している。
p.11（考察） インタビュー，文書，グループディスカッション及び観察から得た質的結果を，同時に収集された量的アンケート結果と統合することで，研究者は今回の事例研究型混合研究調査の記述や解釈をより充実させることができた。
p.12（考察） 参加者の経験の記述とTPACKモデルの3要素における知識の向上を測定する尺度によって，研修プログラムをより包括的に，より徹底した形で評価することができた。研究者は，「量的データが参加者の知識の向上を測定する一方，質的データは参加者の声を拾い上げることで当調査に質感と深みを与えた」（Bustamante, 2017, p.12）と報告している。
p.12（考察） 研究者が述べるように，「理論に基づいたジョイントディスプレイを用いてデータを統合することで，質的及び量的データが互いを裏付けているか，理解を拡張させているか，または結果が一致していないかが明らかになった（Fetters et al., 2013）」（Bustamante, 2017, p.12）。質的及び量的データを別々に分析するのではなく，混合型のデータ分析をすることで，研究者は調査対象である現象のより深い理解と，質的研究あるいは量的研究だけでは捉えられない洞察を得ることに成功している。両タイプのデータが互いに裏付けあっていることで調査の信頼性が確保された一方，肯定的な質的結果と統計的に有意でなかった量的結果の食い違いから2つの尺度に問題があったことが明らかになった。このように収斂デザインを用いてデータを統合することは，量的調査票の妥当性を検証するためにも役立つと，研究者は結んでいる。
p.12（考察） 研究者は，質的及び量的結果を事例研究型混合研究の中で統合することが研修プログラムを評価するのに役立つことを明らかにした。このアプローチのもつ柔軟性のおかげで，参加者が獲得した知識や経験を調査するのに適したデータを収集することができた，と述べている。また，これまでの研究は主として量的であり，質的結果からは，調査対象の現象について量的手法のみからは得られない，より深い理解や詳細な情報が得られたと研究者は指摘している。「[…]ジョイントディスプレイを用いて統合されたデータを分析することで，質的及び量的データ間の一致・不一致が明らかになり，事例に関するより深い理解が得られた」（Bustamante, 2017, p.12）と述べている。
p.13（結論） 研究者は，有意あるいは有意でない結果，肯定的あるいは否定的結果を全て，理論モデルに基づいたジョイントディスプレイに視覚的に示したことを，方法論的達成として強調した。これらの結果を表形式による表現を使わずに示したことで，混合研究法を用いて事例の理解を深める上での方法論的革新がもたらされた。

場合，さらに，2つのデータベースが矛盾するあるいは「不一致（discordance）」である場合（この場合，さらなる探索の必要性などが明らかになる可能性がある）があり得ます。研究者は，このデータの適合性を結果報告やジョイントディスプレイにも組み込み，さらに考察セクションで掘り下げています。

　例えば，教授法に関しては，データを統合したことで結果が相互補完されただけでなく，データの不一致から調査票の問題点を明らかにすること

ができました。テクノロジーに関しては，データを統合したことでテクノロジーの授業への導入に関してさらに探索が必要な点が明らかになりました。また，内容に関しては，質的データと量的データが重複しなかったことで理解の拡張があり，また，データの不一致から研修プログラム参加による言語習得の向上や教師同士のサポートコミュニティについて今後調査が必要な点が明らかになりました（表8.10）。

3.11.その他

　本論文では，データ統合を視覚化するためのクリエイティブなジョイントディスプレイの作成を奨励していますが，ジョイントディスプレイを作成する際に，どのソフトウェアを使えば良いかのアドバイスも記されています。現在，ジョイントディスプレイの作成を助けるソフトはあまり多く存在しませんが，MAXQDAなどの質的研究用のソフトウエアには混合型研究のデータ統合を視覚化するための図表作成ツールが含まれているものもあります。ただ，理論モデルを組み込むなど，より複雑なジョイントディスプレイを作りたい場合は，グラフィックデザイン用のソフトウエアが必要になるかもしれません。研究者はパワーポイントが最も妥当なツールであると述べています。また，本論文にはGuetterman, Creswell, & Kuckartz（2015）によるジョイントディスプレイ作成のためのチェックリストも転載されています（p.13）。昨今，混合型研究を論文報告する際には，データ統合を示すジョイントディスプレイを含めることが推奨されています。あなたも是非一度挑戦してみてはどうでしょうか。

■　4．まとめ

　本章では，スペイン語教師を対象とした教員研修プログラムを事例とした事例研究型混合研究を例に，混合研究法の主要な構成要素を探す宝探しをしました。収斂デザインを用いた本研究では，参加者の経験を包括的に理解する目的で，複数の質的及び量的データ源からデータを集め，各デー

タを質的あるいは量的に分析後，データベースを合体させ，混合型研究設問に答えています。研究者は，混合研究法で最も難しい側面の一つであると言われているデータ統合におけるジョイントディスプレイの有用性を丁寧に説明し，理論を組み込み，データの適合性を視覚化した斬新なジョイントディスプレイを提示しており，この例が，今後ジョイントディスプレイの進化を助けるディスカッションにつながることを願う，と述べています。

　本論文は，事例研究型混合研究実施のガイドラインが多く存在しない中，事例研究法の柔軟性をうまく利用しながら，混合研究法の強みを活かすことでさらに深い理解を導き出した事例研究型混合研究の好例であり，学ぶ点の多い研究となっています。

引用文献

Bustamante, C.（2014）. *Professional development on Web 2. 0 for teachers of Spanish: A mixed methods case study.* Doctoral dissertation. The University of Nebraska-Lincoln.

Bustamante, C.（2017）TPACK and teachers of Spanish: Development of a theory-based joint display in a mixed methods research case study. *Journal of Mixed Methods Research, 13*(2), 1-16. doi: 10. 1177/1558689817712119

Collins, K. M. T., Onwuegbuzie, A. J., & Sutton, I. L.（2006）. A model incorporating the rationale and purpose for conducting mixed methods research in special education and beyond. *Learning Disabilities: A Contemporary Journal, 4*(1), 67-100.

Creswell, J. W.（2002）. *Research design: Qualitative, quantitative, and mixed methods approaches* (2nd ed.). SAGE.

Creswell, J. W. & Plano Clark. V. L.（2011）. *Designing and conducting mixed methods research* (2nd ed.). SAGE.

Creswell, J. W. & Plano Clark. V. L.（2018）. *Designing and conducting mixed methods research* (3rd ed.). SAGE.

Fetters, M. D.（2020）*The mixed methods research workbook: Activities for designing, implementing, and publishing projects.* SAGE.

Fetters, M. D., Curry, L. A., & Creswell, J. W.（2013）. Achieving integration in mixed methods designs?principles and practices. *Health Services Research, 48*(6Pt2), 2134-2156. doi:10.

1111/1475-6773. 12117

Guetterman, T. C., Creswell, J. W., & Kuckartz, U.（2015）. Using joint displays and MAXQDA software to represent the results of mixed methods research. In M. McCrudden, G. Schraw, & C. Buckendahl (Eds.). *Use of visual displays in research and testing: Coding, interpreting, and reporting data* (pp.145-175). Information Age Publishing.

Guetterman, T. C., Fetters, M. D., & Creswell, J. W.（2015）. Integrating quantitative and qualitative results in health science mixed methods research through joint displays. *Annals of Family Medicine, 13*, 554-561.

Guetterman, T. C., & Fetters, M. D.（2018）. Two methodological approaches to the integration of mixed methods and case study designs: A systematic review. *American Behavioral Scientist, 62*(7), 900-918. doi:10. 1177/0002764218772641

Harrison, H., Birks, M., Franklin, R., & Mills, J.（2017）. Case study research: Foundations and methodological orientations. *Forum: Qualitative Social Research, 18*(1). http://nbn-resolving. de/urn:nbn:de:0114-fqs1701195.

Meyer, C. B.（2001）. A case in case study methodology. *Field Methods, 13*(4), 329-352.

Mishra, P., & Koehler, M. J.（2006）. Technological pedagogical content knowledge: A framework for teacher knowledge. *Teachers College Record, 108*(6), 1017-1054.

Stake, R.（1995）. *The art of case study research.* SAGE.

Yin, R. K.（2003）. *Case study research: Design and methods* (3rd ed.). SAGE.

Yin, R. K.（2012）. *Applications of case study research* (3rd ed.). SAGE.

第9章

複合型評価研究デザイン論文の トレジャーハント

エレン・ルビンスタイン，榊原　麗，本原理子，マイク・フェターズ

1．複合型評価研究デザインの特徴

　この章では大規模な混合型研究プロジェクトで用いる混合研究手法の例に注目します。特に日本学術振興会，アメリカ国立衛生研究所，アメリカ国立科学財団及びイギリス国民保健サービスといった大型のファンディングエイジェンシー（競争的研究資金配分機関）の助成を受けるプロジェクトは大規模なものが多く，複数の構成要素，理論的立場及び研究目的を有します。このような大型かつ複雑な混合型研究プロジェクトのデザインを示す名称はまだ統一されていません。例えば，Creswell & Plano Clark（2018）はコンプレックスデザイン（complex designs）と呼んでいます。また，Plano Clark & Ivankova（2016）は横断デザイン（intersected designs），Fetters & Molina-Azorin（2017）は足場型混合デザイン（scaffolded mixed methods designs）と呼んでいます。また，本書の執筆にあたり抱井は，本章で取り上げるような大規模で複雑なデザインを，複合型デザイン（compound design）と呼び，応用型デザインの一つとして位置づけることを提唱しています。本書では，一貫性を保つため，複合型デザイン（compound design）として解説していきます。

　複合型評価研究は一つの多段階研究プロジェクトの中で複数の混合型研究要素を組み合わせた評価研究デザインです。具体的に，説明的順次デザイン，探索的順次デザイン及び収斂デザインや他のデザインが全体的な研究デザインに埋め込まれる場合があります。研究の第一段階ではランダム化比較試験（RCT）や介入が実施されます。いず

れも第二段階（またはそれより後の段階）で第一段階の研究が評価されます。評価段階で試験または介入が有効であったかだけではなく，なぜ有効だったのか，あるいはそうでなかったのかを説明する背景因子まで検討できるのがこの研究デザインの利点です。つまり，評価研究を行うことで研究者は第一段階で行われる試験や介入の実施にまつわる文脈に焦点をおくことができるのです。

　特に実践適応科学など，保健サービス研究分野で背景の調査に対する関心が高まっています。実践適応科学はエビデンスをどのように解釈し，日常の臨床現場に取り入れるかを探究する発展途上の新分野です（Bauer et al., 2015）。実践適応科学研究では介入プログラムをうまく導入するための条件を検討します。よって，介入の有効性自体よりも，なぜ介入の導入に成功したのか，あるいはしなかったのかの理由を調査することが主目的となります。

　それでは，サンプル論文を例に混合研究法の宝探しを進めていきましょう。

2．サンプル論文の特徴

　本章で使うサンプル論文は，Shaw et al.（2013）が行ったプライマリ・ケアにおける大腸がん検診率向上を目指した質改善（QI）のための介入試験を評価した混合型研究です。介入の過程で量的及び質的データ収集を同時進行で行い，両タイプのデータを結合させて事例ごとにまとめて比較分析し，さらに矛盾する結果を特定の事例を用いて深く掘り下げています。

　この研究の最も重要な特徴の一つは，介入試

験を包括的に評価している点です。質改善プロジェクトの一環として行われた混合型評価研究（Drabble & O'Cathain, 2015）として，この研究は説明的順次デザイン（Creswell & Creswell, 2017）と，混合型研究の一部に質的要素として事例研究を組み込む事例研究型混合研究法デザイン（Mixed methods-case study design: MM-CS）（Guetterman & Fetters, 2018）の2つの混合研究法デザインを組み合わせ，介入試験の結果やプロセスを現場の文脈を踏まえて評価するものです。介入試験の結果やプロセス及び介入後の事例研究データは全て，混合型評価研究のデータとして分析されています。本論文では，研究対象の「事例」（＝プライマリ・ケア診療所での介入過程）を「事例の文脈」（＝介入が実施された診療現場という背景）ごと検証するために，事例研究法と混合研究法の手続きを駆使し，量的及び質的データを統合させています（Guetterman & Fetters, 2018, p.13）。

量的分析では介入アウトカム，すなわち，介入の有効性（検診率に統計学的に有意な改善が見られたか）を検証しており，質的分析では介入プログラムの導入プロセスの評価，すなわち，各診療所での質改善のための介入の受け入れに貢献した文脈因子を検討しました。つまり，介入が成功「したかどうか」だけではなく，「なぜ，そして，どのように質改善のための介入が成功した（あるいは不成功に終わった）のか」を理解する必要性を強調しており（Shaw et al., 2013, p.220），本研究の評価部分は実践適応科学（実装科学 implementation science）の流れを汲むものだと言えます（Damschroder et al., 2009）。（当研究に組み込まれている研究デザイン一覧は表9.1参照。）

この目的で，本研究で扱う事例の範囲は，以下のように決められました。ニュージャージー州［場所］で介入試験に参加した［過程］プライマリ・ケア診療所［研究参加者］で，時間枠は介入のベースラインから追跡調査期間を含む12カ月間［期間］。収集されたデータの種類に関しては，量的データはがん検診にまつわる診療記録，診療所及び患者の特性に関する調査票，質的データは

診療所でのインタビュー記録及び観察フィールドノート，介入の一環として行われた一連のミーティングとラーニング・コラボラティブ（複数の学習者が意見を交換し，協力し合いながら解を導くことを目的とする学習形態の検討会）の録音及びフィールドノート［データ源］でした。分析段階では，両タイプのデータを結合し，事例にまとめ比較分析しました。さらに，矛盾する結果を説明するために，それぞれのデータパターンを代表する3事例が選出され，比較分析されました。

以下にサンプル論文の概略を紹介します。

サンプル論文（縮小版）

シャー，E. K.，オーマン・ストリックランド，P. A.，ピアセッキ，A. 他，2013.

「プライマリ・ケア現場における大腸がん検診率向上のための取り組み—ファシリテーターを置いたチーム・ミーティング及びラーニング・コラボラティブの有効性の検討：クラスター・ランダム化試験」アナルズ・オブ・ファミリー・メディシン，11(3), 220-228.（抜粋）

原著論文書誌情報：Shaw, E. K., Ohman-Strickland, P. A., Piasecki, A., Hudson, S. V., Ferrante, J. M., McDaniel Jr., R. R., Nutting, P. A., & Crabtree, B. F. (2013). Effects of facilitated team meetings and learning collaboratives on colorectal cancer screening rates in primary care practices: A cluster randomized trial. *Annals of Family Medicine,* 11(3), 220-228. doi:10. 1370/afm. 1505

キーワード：質改善，プライマリ・ケア，がん検診，ファシリテーション，ラーニング・コラボラティブ

1. はじめに[1]

この論文では，冒頭でプライマリ・ケアにおける医療の質改善（QI）の過程を大きく2つに分け，解説している。1つ目のアプローチは医療シ

1　原著論文では p.220 から p.221 まで。

表 9.1　Shaw et al. 2013 の複合型評価研究に組み込まれている研究デザイン一覧　出典：Shaw et al. (2013) をもとに本章執筆者が作成

研究デザイン	デザインの特徴	各デザインが Shaw et al. の研究にどのように取り入れられたか
混合型ランダム化比較試験 Mixed methods randomized control trial（RCT）	ランダム化比較試験は新しい医薬品，治療サービス及びテクノロジーの効果を評価するために実施され，量的及び質的データ両方が試験前，試験中及び試験後に収集される場合がある（Drabble & O'Cathain, 2015）	ランダム化比較試験の段階では 23 箇所の診療所が介入群か対照群に無作為に振り分けられた。量的分析から，介入群と対照群の大腸がん検診率の変化に統計学的に有意な差は認められなかった。
実践適応科学アプローチ Implementation science approach	実践適応科学とは「保健サービスの質及び効果の向上を目的に，研究結果及びエビデンスに基づく臨床実践を組織的に日常の臨床現場に取り入れる方法を探究する学問領域である」（Bauer et al., 2015）	大腸がん罹患率及び死亡率を減少させるエビデンスがある大腸がん検診に焦点をおき，プライマリ・ケア現場における大腸がん検診率向上を目指した介入がどの程度意図された形で行われたか評価した。
介入試験の混合型評価研究 Mixed methods intervention evaluation	ランダム化比較試験では介入の有効性のみを検証する一方，混合型評価研究では「介入が有効であるか」だけでなく，「どのような導入背景が誰にとって有効であるのか」まで探究できる（Drabble & O'Cathain, 2015）	ランダム化比較試験から大腸がん検診率の向上に統計学的に有意な差が認められなかったことを受け，研究チームは介入の導入に成功した診療所と成功しなかった診療所の介入プログラム導入の文脈を評価する目的で質的データを分析した。質的分析から介入の導入に成功した診療所に必ずしも検診率の向上が認められないことが明らかになった。
説明的順次デザイン Explanatory sequential design	説明的順次デザインでは，一つの研究の中で，量的→質的の順にデータ収集及び分析を行う（Ivankova et al., 2006）	量的分析では介入試験の有効性，つまり，介入が有効だったかどうか（有意な検診率向上効果がみられたか）を検証した。次に量的分析に基づいて行われた質的分析では，導入プロセス，つまり，質改善のための介入への各診療所での取り組みに影響を及ぼした文脈因子を検証した。
事例研究型混合研究法デザイン Mixed methods-case study design	事例研究型混合研究法デザインは，混合型研究の一部に質的要素として事例研究を組み込むデザイン（Guetterman & Fetters, 2018）	収斂デザインを用いた混合型介入試験を評価する目的で，事例研究を含む混合型評価研究を実施。当初の事例比較で矛盾する結果が明らかになったため，さらに 3 つの事例を抽出し，診療所での介入プログラムの導入プロセスと検診率の変化の相関性を詳しく検討した。

ステム（病院）や研究者といった臨床現場外部からの働きかけで行われるものであり，具体的な目標が外部から設定され，目標を達成するためのリソース（予算，ガイドラインまたはチェックリスト，人材など）が現場に提供されるやり方である。2つ目のアプローチは，診療現場（診療所）内部からの働きかけで行われるもので，現場にいるスタッフが解決を必要とみなす問題点を見つけ出し，解決のための取り組み・プロセスを考案する方法である。この論文で評価結果が

報告されている Supporting Colorectal Cancer Outcomes through Participatory Enhancement（SCOPE ［参加型プログラムを通して大腸がん検診アウトカムの向上を目指す］）研究では，この両方のアプローチ（外的及び内的）を用いている。医療の質改善の目標（大腸がん検診率の向上）と改善法（ファシリテーターを置いた複数のミーティング及びラーニング・コラボラティブの開催）は研究チーム（外部）によって決められた。この枠組みの中で，研究に参加した

各診療所（内部）がそれぞれの現場特有の状況に則した形でどのように診療体制を変えるかを決めることができた。

2．方法[2]

デザイン

本論文は，プライマリ・ケア現場における大腸がん検診率向上を目指した質改善（QI）介入の有効性を検証するクラスター・ランダム化試験を評価するものである。介入群と対照群のアウトカムに統計的に有意な差が認められなかったこと，また介入群内でのデータのばらつきがあったことを受け，介入群の診療所における介入アウトカム及び介入プログラムの導入にまつわる経験や背景をより深く理解する目的で，事例研究を埋め込んだ混合型評価研究が実施された（本章図9.1参照）。ランダム化及び介入の単位は診療所とされ，アウトカム観察の単位は各診療所の患者であった。

介入

評価の対象となった6カ月間の介入試験は以下の3要素で構成された。

1）複数の手法を用いた3日間の評価過程（multimethod assessment process; MAP）～プライマリ・ケア現場の複雑性を理解するための反復的なデータ収集及び分析プロセス。疫学研究法，人類学及び社会学の質的研究法（質的観察及びインタビュー）を組み合わせたデータ収集と分析プロセスを繰り返し，各診療所の業務形式とケアの提供及び大腸がん検診の実施にまつわる洞察を得るプロセス（Crabtree et al., 2001）。

2）振り返り及び適応過程（reflective adaptive process; RAP）～各診療所で診療の質の向上を目指すメンバーがチームとして集まり，ファシリテーターの助けを借りながら臨床医とスタッフが安心して問題点や解決策を話し合う場所と時間を設ける取り組み

2　原著論文では p.221 から p.222 まで。

（Balasubramanian et al., 2010）。

3）ラーニング・コラボラティブ～一連のRAPミーティング後に開催される全日学習会（計2回開催）。各診療所から代表者が2人ずつ参加し，診療所間での学習を奨励する（Shaw et al., 2012）。

診療所及び患者サンプル

ニュージャージー・プライマリ・ケア研究ネットワーク及びニュージャージー州内のプライマリ・ケア診療所で調査に参加する診療所を募集。調査協力を承諾した診療所は無作為に介入群と対照群に振り分けられた。ベースライン及び12カ月後に，必要なサンプルサイズが得られるまで基準を満たす全ての被験者が選択される連続サンプル法を用いて各診療所待合室にて50歳以上の患者30名を抽出し，独立した2つの患者サンプルに振り分けた。本論文では，介入群に焦点が当てられた。

量的データ

訓練を受けたカルテ監査員が患者カルテをレビューし，大腸がん検診率及び医師による大腸がん検診の奨励状況を測定。監査員は標準化されたカルテ情報抽出法を用い，評価者間信頼性を定期的に確認しデータ収集中の一貫性を確保した。

米国がん協会の2005年の勧告に基づいた推奨期間内に何らかの検査を受けた記録がある場合，その患者は勧告通りに大腸がん検診を受けているとみなされた。診療スタッフ及び患者に調査の目的を隠さなかった（盲検ではなかった）ことを踏まえ，研究チームが研究参加者に及ぼす影響を最小限に抑えるため，患者が調査参加を承諾した当日のデータ（デモグラフィック，リスク因子，検診日，受療行動，主観的健康感及び診療に対する満足度に関する調査票から収集）は調査結果に含めなかった。（研究参加者の募集方法については Felsen et al., 2010 を参照。）また MAP 評価の一部として，各診療所の特性を知るために患者及びスタッフ対象に調査票が配布された。

量的分析

患者と診療所の特徴の分布がパーセントで報告されている。①検診ガイドライン基準を満たしている診療所の患者の割合，②介入群と対照群双方で，適切な検診あるいは推奨が実施されている患者の割合がベースライン及び12カ月後の追跡調査で計算された。また，介入の有効性の統計的有意性を評価するための解析が行われた。

質的データ

質的データには，MAP評価のインタビューデータ及びフィールドノート，RAPミーティング及びラーニング・コラボラティブの録音が含まれた。RAPミーティング及びラーニング・コラボラティブで記録されたフィールドノートは，録音記録の補足データとした。介入ベースラインから6カ月及び12カ月後に行われた追跡調査では，介入の長期的効果が評価された。全てのデータはプライバシー保護のため非特定化された。

質的分析

没入・結晶化法（Immersion/crystallization）を用いてデータ分析が行われた。これは調査員が質的データを読み込むことでデータにどっぷり浸り，テーマやパターンが結晶化するまで何度もデータを読み返す反復過程である（Borkan, 1999）。各診療所のパフォーマンスを記述的な事例としてまとめ，出現したテーマを診療所間で比較し，介入プログラム導入にまつわる6つの特性を明らかにした。各診療所をそれぞれの特性の程度別（「強い」，「中程度」，「弱い」）にランク付けし，比較事例研究分析法を用いて導入にまつわる特性を掘り下げた。解釈の不一致は話し合いで解決された。結果をジョイントディスプレイにまとめることで，各診療所の特性を明確に示した。

3．結果[3]

介入試験では23の診療所が介入群（n=12）と対照群（n=11）に無作為に振り分けられた。本論文の焦点となる介入群の12の診療所のうち7つは全面的に介入に取り組んだが，2つの診療所は介入の取り組みに失敗した。残りの3つの診療所は，研究において意図された協働過程の構築に十分な関与を行わなかった（Supplemental Table 1. http://www.annfammed. org/content/11/3/220/suppl/DC1を参照）。

ベースラインでは選定基準に合致した患者の80%（n=791）が調査参加を承諾した。12カ月後の追跡調査には67%（n=723）が参加した。合計1,315件のカルテがレビューされた（患者の特性については論文 p.223, Table 1を参照）。

（9）量的結果

ベースラインの大腸がん検診率は診療所により14%から93%にわたり，平均値は46%であった。介入後，適切な大腸がん検診を受けている患者の割合は，対照群の診療所では43%から38%に減少し，介入群では49%から53%に向上した。検診を受けた患者又は医師から検診を勧められた割合は，対照群では62%から58%に減少し，介入群では67%から71%に向上した。ただ，この差異は統計的に有意ではなかった。各群内で，診療所別の検診率の変化にばらつきが見られたが，検診方法に関しては有意な変化が認められた。

（10）質的結果

介入群の12の診療所のうち，7つの診療所では質改善のための介入プログラム導入にまつわる特性の全てあるいはほとんどで「中程度」または「強い」レベルが認められ，「パフォーマンスレベルが高い」ことが観察された。3つの診療所では，質改善のための介入の特性のほとんどで「弱い」または「中程度」レベルが認められ，「パフォーマンスレベルが低い」ことが観

3　原著論文では p.222 から p.225 まで。

察された。全般的にほとんどの診療所で，チームとしての組織構成，介入への取り組み，RAPチーム内のコミュニケーションは中程度以上に機能していることがわかった一方，ほとんどの診療所でRAPチームとRAPに参加していない診療所のスタッフ間のコミュニケーションはうまくいっていないことが明らかになった。

　なお，パフォーマンスレベルにかかわらず，ある傾向が認められた。パフォーマンスレベルが高い診療所では（1つの診療所を除いて），中程度から強い指導力と質改善の介入への心理的安心感が見られ，パフォーマンスレベルが低い診療所の全てで指導力の弱さと心理的安心感の低さが認められた。12カ月後の質的追跡調査では，パフォーマンスレベルが高い診療所では，パフォーマンスレベルが低い診療所に比べて変化に対応できる力量が向上したことを示すデータが得られた。

　（11）量的結果と質的結果の統合

　質的及び量的結果を統合し，各診療所での介入プログラムのアウトカムと導入背景を記述した事例が作成された。なお，質的及び量的結果を事例ごとにジョイントディスプレイにまとめることで，各診療所の特徴がわかりやすく報告された。質的及び量的結果の適合性に関しては，診療所内でばらつきが見られた。矛盾事例としては，介入プログラムの導入にまつわる特性に関しては優れていたにもかかわらず，大腸がん検診率が芳しくなかった診療所や，その反対の傾向が見られた診療所があった。よって，各診療所での介入プログラムの導入過程と検診率の変化の関係をさらに詳しく説明するために3つの事例を選び，これらの診療所から得られたデータを記述的にまとめた。

4．考察 [4]

　このSCOPE研究では，ファシリテーターを置いたチームアプローチを用いてプライマリ・ケア現場での大腸がん検診率の向上を目指した介入モデルとその背景を検証した。介入方法は各診療所の状況やニーズを考慮しながら調整された。大腸がん検診率が介入の焦点とされたが，具体的にどのような質改善の目標を立てるか，また，その実施法の計画は診療所のメンバーに任せられた。これは，複数のステークホルダーの同意を得ることで，変革を成功させるための動機付けを与え，より真剣に取り組んでもらうことができるという考えを前提とした取り組みであった。本研究の大きな目的は，今後の医療提供体制変革への取り組みも見据えて，大腸がん検診を焦点とした診療所における医療提供体制変革モデル（"practice change model"）を構築することであった。

　診療所における質改善の介入にはある程度の成功が認められたが，SCOPE研究全体では統計学的に有意な大腸がん検診率の向上は見られなかった。しかし，事例研究を埋め込んだ混合型評価研究を介入後に行うことで介入プログラムの導入にまつわる経験や背景に関する理解が深まり，今後の介入に役立つであろういくつかの発見もあった。これらの発見は，全て診療所のメンバー同士の関わり合い方やコミュニケーション，また，各診療所で何が最も必要とされているかに関連するものであった。

　質改善を成功させるための取り組み方はさまざまである。しかし，患者中心のメディカル・ホームといったシステムに関わる診療所における医療提供体制には，組織としての学習能力及び変革をもたらすための力量の向上が要求されるため，漸次的な質改善プロジェクトの積み重ねだけでは実現できない。単に介入が成功したかどうかだけではなく，なぜ，どのように介入が機能したかを検証することで，質改善のための介入に関する知識や理解を深めることが必須である。

4　原著論文では p.226 から p.227 まで。

研究の限界と今後の展望[5]

　本研究の限界の一つとして，介入試験のサンプルサイズが小さかったことで介入有効性の検出力が低かったことが挙げられる。調査対象となった診療所では，平均してすでに大腸がん検診率が高かったため，今回の介入による大腸がん検診率の統計的に有意な向上を検出することが難しかった。また，（あまり知られていない疾患ではなく）すでによく知られている大腸がんの検診率を介入のプロトタイプとしたことで診療所における医療提供体制変革の過程に影響が出たことも考えられ，今回のモデルをプライマリ・ケア現場における大腸がん以外の疾患診療に関する質改善の取り組みのモデルとして使える可能性に限界があることも考えられる。

5．引用文献[6]

　本章末参照

サンプル論文引用ここまで

■　3．トレジャーハント（宝探し）

　では，次にトレジャーハント（宝探し）のための 10 のタスクにうつります。

3.1. タスク1―混合研究法を用いる理由

　研究チームは介入の結果を検証するだけでなく，その結果をもたらした背景因子も検討しました。混合研究法を用いることで介入の結果（量的データ）と介入プログラム導入の背景因子（質的データ）を比較対照することができ，介入についてより包括的な理解が得られました（表9.2）。

3.2. タスク2―混合研究法デザインのタイプ

　本論文で報告されているのは，混合型研究の一部に質的要素として事例研究を組み込む事例研究型混合研究法デザイン（MM-CS）を用いて，介

表9.2　混合研究法を用いる理由を示す記述　出典：Shaw et al. (2013)（表中の記述は論文から抜粋・要約した文章の日本語訳。以下同じ。）

> **p.220（抄録）**
> 研究チームは，質改善のための介入に関する知識・理解を深めるためには，単に介入が成功したかどうかだけではなく，なぜ，どのように介入が成功するかを検証する研究が必須であると述べている。

> **p.227（考察）**
> SCOPE 研究では量的及び質的結果は，お互いを裏付けする，あるいは，反証するかを検証する目的のみに使われるべきではないと研究チームは議論している。SCOPE の結果がこれら2つのタイプのデータ間の不一致を明らかにした場合，どちらかのデータに誤りがあるという考え方につながる恐れがある。しかし，研究チームは，両方の視点（データ）を全体的な分析に統合することで，介入にまつわる理解を深めることができると主張している。

表9.3　デザインを示す記述　出典：Shaw et al. (2013)

> **p.221（方法）**
> 研究チームは，SCOPE 研究を，プライマリ・ケア現場における大腸がん検診率向上を目指した介入の有効性を評価するクラスター・ランダム化試験として実施している。各診療所で介入がどの程度意図された形で行われたかや介入にまつわる経験の違いを評価するために，研究チームは混合型評価研究デザインを用いている。

入試験を評価する研究です。介入アウトカムについての量的データと介入プロセスや背景に関する質的データが同時に収集されました（収斂デザイン）。質的データは大腸がん検診プログラムの導入プロセスを解明するために役立ちました。2つのタイプのデータを統合させ，事例にまとめて比較することで，「なぜ」検診率に変化があったのかに対する理解を深めました。さらに，方法のセクションでは言及されていませんが，矛盾する結果を説明するために，3つの事例を選出し，さらに詳しく検証しました（表9.3）。

3.3. タスク3―研究設問または研究目的

　この研究には具体的及び理論的な研究目的が複数設定されています。介入の目的はプライマリ・ケア現場における大腸がん検診率を向上させることでした。評価の目的は介入の有効性に貢献した（またはしなかった）背景因子を理解すること

5　原著論文では p.226 から p.227 まで。
6　原著論文では p.227 から p.228 まで。

表9.4　研究目的を示す記述　出典：Shaw et al. (2013)

p.220（抄録）
研究チームは、「本調査の目的は、プライマリ・ケア現場における大腸がん検診率の向上を目指す医療の質改善（QI）のための介入の有効性を評価することである」（p.220）と述べている。

p.221（方法）
研究チームは、SCOPE を、プライマリ・ケア現場における大腸がん検診率を向上させることを目的にデザインされた介入の有効性を評価するためのクラスター・ランダム化試験としてデザインしている。

p.226（考察）
研究チームは、今後の診療変革への取り組みも見据えて、診療所における大腸がん検診を焦点とした医療提供体制の変革モデル（"practice change model"）の構築を本研究の目的とした。

でした。これらの目的はこの研究自体に関するものです。しかし、研究チームはさらに理論的な見地から、プライマリ・ケア現場において他の質改善を図る取り組みにも応用できる「診療所における医療提供体制の変革モデル（"practice change model"）」を構築することを目指しているとも述べています。このモデルは、医療環境の変化（医師による検診（スクリーニング）の推奨や慢性疾患管理のガイドラインなど）に診療活動を適合させる助けとなるものです（表9.4）。

3.4. タスク4―混合型研究の哲学や理論

研究がどのような理論的立場を取っているかは明らかに示されていませんが、上述のとおり介入の有効性自体に注目するのではなく、事例研究を埋め込み、介入の導入過程や背景を含めて調査することを強調していることから、本研究は実践適応科学（実装科学 implementation science）を採用していることがわかります。

また、研究チームが複雑系科学の考え方を踏襲していることや、プライマリ・ケアの診療所を複雑適応系システムとみなしていることも仄めかされています。複雑系科学とは、あるシステムが複数の相互依存している部分から構成されているという認識を持ってそのシステムを研究する方法です。よって複雑系科学的アプローチを用いる場合、あるシステムのそれぞれの構成要素を別々に検討

するのではなく、全ての構成要素を一括して考察します。これは、特定のアウトカムを達成するために変数を操作するという考え方、つまりシステムの各部分を切り離して検証するアプローチとは異なるものです（Braithwaite et al., 2018）。介入プログラム導入時の背景を理解することの重要性を強調していることから、プライマリ・ケアの診療所を一つの包括的なシステムとみなしていることが読み取れます。医療提供体制の変革といった大規模（複雑）な取り組みの成功はただ質改善のための介入を次々と導入するだけでは達成され得ないという立場をとっていることから、研究チームは複雑系科学理論を用いていることが読み取れます。これらの哲学・理論的立場から、本研究プロジェクトで取り組みたい研究設問に最も適した研究手法は混合研究法であると判断したことがわかります。

3.5. タスク5―手続きダイアグラム

前述の通り、本研究は、事例研究型混合研究法デザインを用いて、介入試験を評価するものです。介入試験では質的及び量的データが同時に収集・分析されていることから混合研究法の収斂デザインが用いられていることがわかります。データは統計分析及び比較事例研究分析法を用いて分析されました。さらに、介入群と対照群のアウトカムに統計的に有意な違いが認められなかったこと、また矛盾した結果が出たことを受け、その結果を説明するためにさらに事例研究を組み込んでおり、説明的順次デザインの手順を用いています。図9.1にある通り、この研究は、収斂デザインならびに説明的順次デザインを介入デザインに組み込み、さらに事例研究型デザインを埋め込んだ混合型評価研究を行っている応用型デザインの一例です。

3.6. タスク6―統合の手続き

この研究では複数の次元で統合が行われています。まず、論文では言及されていませんが、研究チームが人類学、公衆衛生学、疫学、統計学、医

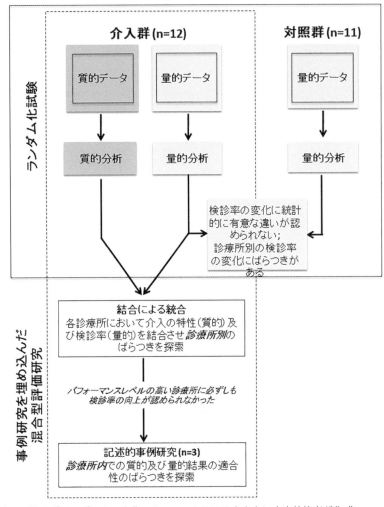

図9.1　本研究の手続きダイアグラム　出典：Shaw et al. (2013) をもとに本章執筆者が作成

学，教育学など，さまざまな分野の研究者で構成されているため，研究が始まる前からチーム上で混合研究法の統合が実践されていると言えます。

研究デザインの次元でも，結合による統合が達成されています(Fetters et al., 2013)。研究チームは診療所別の検診率の変化のばらつきを分析し，介入プログラム導入の背景を含めて検証するために，量的及び質的データを結合して事例にまとめ，比較分析しました。結果をジョイントディスプレイにまとめることで，各診療所の特性が明確に示されました。

さらに，連結による統合も達成されています。連結とは，「サンプリングを通して一つのデータベースをもう一方のデータベースに統合する」こ

とを示します（Fetters et al., 2013）。つまり，一つのタイプのデータ分析の結果を基に，もう一方のデータ収集のためのサンプリング方法を決める統合手段です（Guetterman & Fetters, 2018）。この研究では，量的分析から診療所別の検診率の変化にばらつきがあり，パフォーマンスレベルの高い診療所に必ずしも検診率の向上が認められなかったため，介入プログラム導入にまつわる背景因子とアウトカムの関係性を検討するために，ばらつきを代表する３つの診療所（質的調査のサンプル）を選出し，事例として記述的にまとめ洞察を深めました（表9.5）。

表9.5　質的・量的研究の統合を示す記述　出典：Shaw et al. (2013)

p.223-4（結果） 量的分析から診療所別の検診率の変化にかなりのばらつきがあることが明らかになったため，研究チームは，このばらつきに貢献した要因を解明するために診療所の質改善介入プログラム導入時の背景を探索する目的で質的分析を実施している。
p.224-5（結果） 診療所間のばらつきの調査に加え，研究チームは診療所内での質的及び量的結果の適合性のばらつきも探索した。1つ目の異例として，質改善のための介入の特性において「強い」と評価されたものの，大腸がん検診率は低かった診療所があったことを研究チームは指摘している。2つ目の異例としてその正反対のケースがあることもわかったため，研究チームは診療所での介入の導入過程と検診率の変化の関係性をより詳しく説明するために，3つの診療所を選択し，事例として掘り下げ検証した。

3.7. タスク7―妥当性を脅かす要素

　研究チームは研究における主たる限界として2つ挙げています。1点目は研究デザインに関するもので，2点目は介入プログラム導入の目標に関する限界です。まず，介入試験のサンプルサイズが23箇所の診療所と小さかったことが挙げられます。また，これらの診療所はすでに大腸がん検診率が高かったため，介入の効果が減少した可能性があります。なお，調査対象となった診療所は自発的に研究に参加したため，もともと検診率を向上させる意欲があったと考えられ，これは一般の診療所と異なる可能性が指摘されています。

　次に，本調査に用いられた質改善介入モデルは導入に時間がかかり，多大なリソースを要しました。大腸がん検診率を向上させる（介入の望ましいアウトカム）ために，このような徹底した介入が必要でない可能性があります。したがって，この介入モデルの有効性を検討するための最良のケースでないことも考えられます（表9.6）。

3.8. タスク8―厳密なデータ収集法・分析法

　研究チームは複数のデータ収集及び分析方法を記述しています。量的データ源は患者及び診療所の特性を検討するための調査票と医師の大腸がん検診の奨励率を測定するための医療カルテレビュ

表9.6　妥当性を脅かす要素を示す記述　出典：Shaw et al. (2013)

p.226-27（考察） 研究チームは，この調査にはいくつかの限界があることを認めている。まず調査に参加した診療所が少なかったこと，さらに指示通りに介入を導入できなかった診療所が2箇所あったことで介入有効性の検出力が低かったことが挙げられる。研究チームは，「フィデリティ（介入プログラムの実施基準に準拠している度合い，実施度）の低さが介入の有効性を減衰させ，その結果検出力が下がったと考えられる。さらに，調査対象となった診療所の平均大腸がん検診率が予想外に高かったため，統計的に有意な検診率の向上を検出することを難しくした」(pp.226-27)と述べている。さらに，研究チームは，本調査に自発的に参加した診療所が一般の診療所よりも大腸がんの検診率を向上させる意識が高かった可能性があることを指摘している。最後に，病気に関して抱く不確かさの程度が介入デザインに影響を与える重要な要素であることが知られていることから，研究チームは，大腸がん検診の導入にはチームを基盤とするモデルの徹底的な診療所改善取り組みを必要としない可能性があることを認めている。この必要性の欠如が変化過程に影響を与えたことも考えられ，大腸がん以外の疾患診療に関する質向上の取り組みモデルを構築するという本来の目的にも影響をもたらし得たことを研究チームは認める。

ーで，これらのデータは介入前後に収集されました。また，介入の有効性を評価し，独立性と関連性のモデルを検証するため，統計的解析が行われました。

　質的データ源は調査の対象となった診療所に赴いた調査員による医師・スタッフとのインタビューとフィールド観察，RAPミーティングとラーニング・コラボラティブの録音とフィールド観察でした。これらのデータは没入・結晶化法（immersion/crystallization）(Borkan, 1999)を用いて分析されました。さらに診療所間の状況を比較するため，量的及び質的データを事例ごとに統合し，比較事例研究アプローチを用いて分析されました（表9.7）。

　なお，本研究における質と量のそれぞれのデータ源を表9.8にまとめました。

3.9. タスク9―報告のレベルにおける統合

　大腸がん検診率の量的分析から，介入プログラムを導入した診療所間で検診率の変化にばらつき

表 9.7 厳密なデータ収集法・分析法を示す記述 出典：Shaw et al. (2013)

p.221（量的データ）
研究チームは，大腸がん検診率及び医師の大腸がん検診の奨励状況を医療カルテのレビューを通して測定した。訓練を受けたカルテ監査員が標準化されたカルテ情報抽出法を用い医療カルテをレビューし，データ収集中の一貫性を確保するために評価者間信頼性分析を定期的に行っている。研究チームは，米国がん協会の2005年の勧告に基づいた推奨期間内に何らかの検査を受けた記録がある場合，その患者が勧告通りに大腸がん検診を受けているものとみなしている。

p.222（統計的・量的分析）
研究チームは，患者と診療所の特徴の分布をパーセントで報告している。彼らは，「①検診ガイドライン基準を満たしている診療所の患者の割合，②介入群と対照群双方で，適切な検診あるいは推奨が実施されている患者の割合をベースライン及び追跡調査で計算している」(p.222)。

p.222（質的評価データ）
本研究では，質的データとして，MAP のフィールドノート，RAP 及びラーニング・コラボラティブの録音を用いている。彼らは，RAP 及びラーニング・コラボラティブで記録されたフィールドノートを，グループダイナミックス（集団の中の相互作用）など，録音記録からは把握できない要素を記録するために収集した。介入の長期的効果を評価するため，研究チームは，6カ月及び12カ月後の追跡調査を行っている。

p.222（質的分析）
研究チームは，没入・結晶化法 (Immersion/crystallization) (Borkan, 1999) を用いてデータ分析を行っている。調査対象の各診療所の特性を記述的な事例にまとめ，研究チームは出現したテーマやパターンを考察した。この分析過程を通して，質改善介入の導入に貢献する6つの特性を明らかにし [...]，各診療所をそれぞれの特性が「強い」，「中程度」，「弱い」の程度別に研究チームはランク付けした。実施における特性は比較事例研究分析法を用いて探究され，研究チームの間での解釈の不一致は話し合いで解決された。

表 9.8 量的・質的データ源 出典：Shaw et al. (2013) をもとに本章執筆者が作成

量的データ源	質的データ源
カルテレビュー（ベースライン及び12カ月後の大腸がん検診率と医師の大腸がん検診の奨励率を測定するため）	MAP 観察フィールドノート及び医師・スタッフとのインタビュー記録
	RAP ミーティングの録音，フィールドノート
診療所の特徴を探る調査票（ベースライン及び12カ月後）	ラーニング・コラボラティブの録音，フィールドノート
患者の特徴を探る調査票（ベースライン及び12カ月後）	

コミュニケーション）を特定しました。これらの因子に基づき，調査対象の診療所はパフォーマンスレベルの高い診療所とそうでない診療所，または中程度の診療所にランク付けられました。

ジョイントディスプレイ（論文 p.225, Table5）の各行は一つの診療所（事例）を表し，列は質的分析から判別された6つの介入の特性を表しています。セルは各診療所におけるそれぞれの特性の程度（強い，中程度，弱い）を表しています。これらの質的結果に並行して，各診療所のベースライン及び12カ月後の大腸がん検診率（量的結果）が表されています。ジョイントディスプレイを作成し，データ統合をしたことで，研究チームは介入プログラムの導入にまつわる特定の因子と介入プログラム導入のアウトカムの相関性を見出し，診療所間で結果にばらつきが生じた理由を解明しました（表9.9）。

また，診療所内での質的及び量的結果の適合性のばらつき（矛盾事例）が認められたため，このばらつきを代表する3つの事例を選出・比較し，さらに深く検討しました。各代表事例では量的結果（大腸がん検診率の変化）がどのようにもたらされたかを説明するために質的結果が報告されています（表9.10）。

があることが明らかになったため，研究チームは質的分析を行い，このばらつきに貢献した要因を理解しようとしました。分析結果を基に各事例を記述的にまとめることで，質改善介入の導入過程に影響を与えた6つの主な特性（チーム構成，リーダーシップ，診療医とスタッフの介入への取り組み，心理的安心感，各診療所での RAP チーム内のコミュニケーション，各診療所での RAP チームと RAP に参加していない診療所のスタッフ間の

表9.9　質的データと量的データを統合的に示すジョイントディスプレイ　出典：Shaw et al. (2013), p.225, Table5 を本章執筆者が翻訳

診療所	介入の特性							大腸がん検診率	
	チーム構成	リーダーシップ	介入への取り組み	心理的安心感	RAPチーム内のコミュニケーション	RAPチームとRAPに参加していない診療所のスタッフ間のコミュニケーション		ベースライン(%)	12ヶ月後の追跡調査(%)
P2*	強い	中程度	強い	強い	強い	中程度		14	30
P7	強い	弱い	中程度	弱い	中程度	弱い		53	73
P8*	強い	中程度	強い	中程度	中程度	弱い		37	52
P10*	強い	中程度	中程度	中程度	強い	強い		71	33
P11	弱い	弱い	中程度	弱い	中程度	NA		54	66
P15	中程度	弱い	弱い	中程度	中程度	弱い		50	67
P16*	強い	強い	強い	強い	強い	弱い		43	48
P17	-	-	-	-	-	-		41	10
P19*	強い	強い	強い	強い	強い	NA		52	44
P21						-		38	56
P22*	強い	弱い	中程度	中程度	中程度	弱い		47	71
P23*	強い	中程度	強い	強い	強い	弱い		93	86

NA = 該当なし
*介入導入の特性においてパフォーマンスレベルが高い診療所 (High-performing practice)

表9.10　報告のレベルにおける統合を示す記述　出典：Shaw et al. (2013)

> **p.2　介入の実装特性において「強い」評価を得た上に大腸がん検診率が向上した診療所**
> 表9.9 に示されるように，研究チームは，介入の実装特性において「強い」レベルを示す事例であることを認めている。ここでは大腸がん検診率が 14％から 30％に向上している。この事例は比較的小規模な診療所であったため，スタッフ全員（n＝7）が　順番に RAP チームに参加している。院長もミーティングに定期的に参加し，チームの育成に貢献している。この診療所は調査対象となった診療所の中で大腸がん検診率が 14％と最も低く，このことが改善の動機付けとなっていた。12 カ月後の追跡調査では月 1 回のミーティングが続けて行われていた。

> **p.10　介入の実装特性において「中程度」から「強い」評価を得たが大腸がん検診率が劇的に低下した診療所**
> この事例は介入の実装特性において「中程度」から「強い」と評価されたが，大腸がん検診率は 71％から 33％へと劇的に低下した。この診療所では RAP ミーティングを通してうまくコミュニケーションがとれていることが明らかになった。はじめに RAP チームは診療所内の「カオス」の解決策に取り組もうとしていたが，最初のラーニング・コラボラティブ後には大腸がん検診率に焦点を当てると決めている。12 カ月後の追跡調査によって，外部からのさまざまな課題や診療医及びスタッフの離職で苦労していることがわかった。RAP ミーティングなど SCOPE 関連の活動は介入後に続けて行われなかったが，診療所内の大腸がん検診は引き続き優先的に実施されている。

> **p.15　介入の実装特性において「弱い」評価を受けたが大腸がん検診率が向上した診療所**
> この事例は介入の実装特性の多くにおいて悪い評価を得ているが，大腸がん検診率を 50％から 67％に向上させた。この診療所はコミュニケーション能力及びチームワークが欠落していた。スタッフは RAP の導入における基本原則を立てようとしなかったため，安心してオープンに話し合える場を作る妨げとなった。院長はしばしばミーティングに遅刻し，介入への取り組み及びチームの結束力を強めようとしなかった。他の医師やスタッフとの大腸がん検診への取り組みについてのコミュニケーションはなかった。12 カ月後の追跡調査では院長の大腸がん検診への意識が高まっていて，検診を優先させていたが，大腸がん検診率を向上させるための診療所全体の活動は見られなかった。大腸がん検診率を向上させたのは，院長の個人的な取り組みのみが十分であったためと考えられる。

3. 10. タスク10—混合研究法を用いたことによるシナジー

　多くの場合，統計的に有意な差異を示さない実験の結果は学術雑誌に発表されません。混合型評価を介入デザインに埋め込むことで研究チームは介入プログラム導入の背景を探索し，プライマリ・ケアの提供に変化をもたらす条件にまつわる教訓を得ることができました（表9. 11）。

表9.11　混合研究法を用いたことによるシナジーを示す記述　出典：Shaw et al.(2013)

p.226（考察） 研究チームは,「質的研究法を研究デザインに統合することで, 統計的に有意な差異を介入が示さない場合, 実装の背景を探索する必要性があるとした最近の呼びかけに応えることができた」(p.226) としている。

3. 11. その他

　本研究では混合研究法デザインの一つとして事例研究型デザインが用いられていることが読み取れるものの, 論文では具体的に研究のデザインが言及されていません。混合研究法及び事例研究法など, 他の確立した質的研究法を組み合わせた複合型デザインは混合研究法の分野における新手法だからです (Guetterman & Fetters, 2018)。とはいえ, 本研究のように事例研究型混合研究法が正式に定義される前から混合研究法と事例研究法を組み合わせたデザインを用いた研究例はあります (Ivankova & Stick, 2007; Scammon et al., 2013)。事例研究法及び混合研究法を専門とする著名な研究者ら双方から事例研究と混合型研究の合体化が推奨されており (Guetterman & Fetters, 2018), 事例研究型混合研究法は一つの独立した研究法になりつつあります。

■　4. まとめ

　本研究の目的は, プライマリ・ケアの診療現場という文脈の中で, 診療の質向上を目的とした介入プログラムの有効性を評価することでした。分析の単位 (「事例」) は各診療所での介入過程であり, これらの事例は場所 (プライマリ・ケアの診療所) 及び時間 (介入期間6カ月プラス追跡調査期間6カ月後 (合計12カ月)) により境界づけられました。量的及び質的データを収集, 分析及び統合することで調査対象となった現象についてより深い理解を得ることができた例だと言えます。介入結果として統計的に有意な差異は見られませんでしたが, 研究過程全体を通して, 研究チームはプライマリ・ケアの診療所における医療提供体制の変革 "practice change" にまつわる理論的な

教訓を得ることができました。本論文は, 現象を文脈ごと理解するという事例研究の大前提 (Yin, 2003) のもと, 混合型介入研究を評価するために複数事例を扱った比較事例研究を組み込み, 模範的なジョイントディスプレイを用いてデータ統合を行い, 矛盾する結果を事例研究法を用いてさらに深く理解することに成功している複合型評価研究の好例であり, 学ぶ点の多い研究となっています。

引用文献

Balasubramanian, B. A., Chase, S. M., Nutting, P. A., Cohen, D. J., Strickland, P. A., Crosson, J. C., Miller, W. L., & Crabtree, B. F. (2010). Using Learning Teams for Reflective Adaptation(ULTRA): Insights from a team-based change management strategy in primary care. *Annals of Family Medicine, 8*(5), 425-432. doi:10. 1370/afm. 1159

Bauer, M. S., Damschroder, L., Hagedorn, H., Smith, J., & Kilbourne, A. M. (2015). An introduction to implementation science for the non-specialist. *BMC Psychology, 3*(1), 32. doi:10. 1186/s40359-015-0089-9

Borkan, J. M. (1999). Immersion/crystallization. In B. F. Crabtree & W. L. Miller (Eds.). *Doing qualitative ressearch* (2nd ed., pp.179-194). SAGE.

Braithwaite, J., Churruca, K., Long, J. C., Ellis, L. A., & Herkes, J. (2018). When complexity science meets implementation science: A theoretical and empirical analysis of systems change. *BMC Medicine, 16*(1), 63. doi:10. 1186/s12916-018-1057-z

Crabtree, B. F., Miller, W. L., & Stange, K. C. (2001). Understanding practice from the ground up. *Joural of Family Practice, 50*(10), 881-887.

Creswell, J. W., & Creswell, J. D. (2017). *Research design: Qualitative, quantitative, and mixed methods approaches* (5th ed). SAGE.

Creswell, J. W., & Plano Clark, V. L. (2018). *Designing and conducting mixed methods research* (3rd ed.). SAGE.

Damschroder, L. J., Aro, L. J., Keith, R. E., Kirsch, S. R., Alexander, J. A. & Lowery, J. C. (2009). Fostering implementation of health services research findings into practice: A consolidated framework for advancing implementation science. *Implementation Science, 4*(1), 50. https://doi. org/10. 1186/1748-5908-4-50

Drabble, S. J., & O'Cathain, A. (2015). Moving from randomized controlled trials to mixed methods intervention evaluations. In S. N. Hesse-Biber & R. B. Johnson (Eds.). *The Oxford handbook of multimethod and mixed methods research inquiry*（pp.406-425）. Oxford University Press. doi: 10. 1093/oxfordhb/9780199933624. 013. 26

Felsen, C. B., Shaw, E. K., Ferrante, J. M., Lacroix, L. J., & Crabtree, B. F.（2010）. Strategies for in-person recruitment: Lessons learned from a New Jersey primary care research network（NJPCRN）study. *Journal of the American Board of Family Medicine*, *23*(4), 523-533. doi: 10. 3122/jabfm. 2010. 04. 090096

Fetters, M. D., Curry, L. A., & Creswell, J. W.（2013）. Achieving integration in mixed methods designs?principles and practices. *Health Services Research*, *48*(6Pt2), 2134-2156. doi:10. 1111/1475-6773. 12117

Fetters, M. D., & Molina-Azorin, J. F.（2017）. The Journal of Mixed Methods Research starts a new decade: The mixed methods research integration trilogy and its dimensions. *Journal of Mixed Methods Research*, *11*(3), 291-307. https://doi. org/10. 1177/1558689817714066

Guetterman, T. C., & Fetters, M. D.（2018）. Two methodological approaches to the integration of mixed methods and case study designs: A systematic review. *American Behavioral Scientist*, *62*(7), 900-918. doi:10. 1177/0002764218772641

Ivankova, N. V., Creswell, J. W., & Stick, S. L.（2006）. Using mixed-methods sequential explanatory design: From theory to practice. *Field Methods*, *18*(1), 3-20. doi:10. 1177/1525822X05282260

Ivankova, N. V., & Stick, S. L.（2007）. Students' persistence in a distributed doctoral program in educational leadership in higher education: A mixed methods study. *Research in Higher Education*, *48*(1), 93-135. doi:10. 1007/s11162-006-9025-4

Plano Clark, V. L., & Ivankova, N. V.（2016）. *Mixed methods research: A guide to the field*. SAGE.

Scammon, D. L., Tomoaia-Cotisel, A., Day. R. L., Day, J., Kim, J., Waitzman, N. J., Farrell, T. W., & Magill, M. K.（2013）. Connecting the dots and merging meaning: Using mixed methods to study primary care delivery transformation. *Health Services Research*, *48*(6Pt2), 2181-2207. doi:10. 1111/1475-6773. 12114

Shaw, E. K., Chase, S. M., Howard, J., Nutting, P. A., & Crabtree, B. F.（2012）. More black box to explore: How quality improvement collaboratives shape practice change. *Journal of the American Board of Family Medicine*, *25*(2), 149-157. doi:10. 3122/jabfm. 2012. 02. 110090

Shaw, E. K., Ohman-Strickland, P. A., Piasecki, A., Hudson, S. V., Ferrante, J. M., McDaniel, R. R., Nutting, P. A., & Crabtree, B. F.（2013）. Effects of facilitated team meetings and learning collaboratives on colorectal cancer screening rates in primary care practices: A cluster randomized trial. *Annals of Family Medicine*, *11*(3), 220-228. doi:10. 1370/afm. 1505

Yin, R. K.（2003）. *Case study research: Design and methods* (3rd ed.). SAGE.

第10章

トレジャーハントで学ぶ
混合型研究論文の執筆と査読

マイク・フェターズ，抱井尚子

概　　要

　本書では，トレジャーハントの手法を用いて混合研究法の基礎を紹介してきました。ここまでの章で取り組んだ宝探しから，読者の皆さんが混合研究法に関心を持ってくれたことを願っています。最後になりましたが，本章では *Journal of Mixed Methods Research* 誌（*JMMR*）の共同編集長（フェターズ）及び常任編集査読委員（抱井）としての経験をもとに混合型研究論文の書き方，修正の仕方及び査読に関するコツを紹介します。

混合型研究論文の執筆のコツ

　本書ではすでに学術誌に発表済みの論文を使ってトレジャーハントをしてきましたが，このような（査読プロセスを経た）論文の中からでも，混合研究法のお宝が見つけ出しにくい場合が数多くあることに気がついた読者もいるでしょう。これは，混合研究法が一つの専門分野としてまだ発展途上にあることが原因だと考えられます。トレジャーハント自体が本書を読む楽しみである一方，私たちは，読者が簡単にお宝を探し出せる論文，つまり優れた混合型研究論文の書き方を本書から学び取ってくれることを願っています。では，お宝を見つけやすい混合型研究論文を書くために配慮すべき一般的な注意点，適切な構成要素，段落の書き方の基本ルール及び図表やグラフの作り方を紹介していきます。

論文執筆の際の一般的な注意点

　科学論文の著者は，概して説得力のある効果的な論文を書くことに努めます。研究初心者の場合，巧みな文章を書こうとして複雑な表現方法や文法構造を用いてしまう傾向がありますが，説得力のある論文構成のポイントは簡潔に書き上げることです。つまり，読者の視点からすると「より少なきは，より多きこと」です。「もっと時間があったら，より字数を減らせただろう」という言い回しも同じ概念です。混合型研究論文は複雑なものが多いため，雑誌の制限文字数以内で研究の方法及び結果を明確に報告するためにはなるべく簡潔にまとめる必要があります。

　また，論文の読みやすさに配慮しなければ説得力に欠ける論文になってしまいます。読者の理解を進めることを念頭に置いて執筆しましょう。次に，混合型研究論文の読みやすさを向上させる方略をいくつか紹介します。

・論文の構成要素

　砂時計モデルに沿った執筆方法は多くの分野で用いられますが，混合型研究論文には特に有益です。砂時計モデルとは，冒頭で幅広く論文の概要を述べ，次に研究方法及び結果の具体的な情報に絞り，最後に幅広く研究成果の意義を考察する形式を表しています。このモデルを混合型研究論文に適用するための細かい説明は *JMMR* 誌（Fetters & Freshwater, 2015）を参照してください。

　このモデルの特徴は論文の全体的な構造に焦点を当てている点です。つまり，論文の各セクション（序論，研究方法，研究結果，考察）の文字数と段落のバランスを検討し，そのセクションに関

連する内容のみを記すのです。混合型研究論文を執筆する際には読者が理解しやすいようにこの構造に沿って執筆することが特に重要です。また，ヘッダーとサブヘッダーはナラティブの流れに関する読者の理解を進める明確な手がかりとなり，十分に使用することでお宝が見つけやすくなります。

・ 優れた段落の特徴

　効果的な混合型研究論文を書くには，執筆の基礎に注意を払うことも必要です。段落の冒頭を明確な紹介文で始めると良いでしょう。次に段落の主文（ボディ）はわかりやすく，矛盾がないことを確認します。そして最後にその段落で述べた内容を要約した一文で締めくくります。複雑な文章構成は避けましょう。なお，第一人称あるいは第三人称を使うか決め，論文全体を通してどちらかに統一します。どちらの人称を使うかは量的研究法または質的研究法を用いるかによって異なりますので，対象読者層に適切な形式が用いられていること，また，最低限それぞれ質的及び量的工程で統一された形式が用いられていることを確認しなければいけません。

・ 効果的な図表及びグラフの特徴

　図表及びグラフは論文の中で十分に活用されていないか，効果的でない使い方がされていることが多いのですが，混合型研究論文において，ジョイントディスプレイは特に有用な図表ですので，活用することをお勧めします（Guetterman, Fetters, & Creswell, 2015）。本書で検討してきた論文の多くにもジョイントディスプレイが含まれています。混合型研究論文に含まれる図表及びグラフには，その視覚的ディスプレイがどのように研究と関連しているのかを示すタイトルをつける必要があります。混合型研究論文では特にこの情報が重要になります。図表及びグラフ内の文字数を最小限に抑え，読みやすく表示することで，効果的なグラフィックを作成することができます。また，英語で論文を書く場合，図表内の大文字及び句読点の使い方を統一しましょう。数値は小数点以下の桁数を統一します。記述的なラベルを伴った矢印や円の図形を使用することで図の主要素がどのように研究目的と関連しているのかを効果的に示すことができます。

・ 混合型研究の方法論文の執筆のコツ

　混合研究法論文には，経験的研究論文の他にも，混合研究法の方法論に関する論文があります。本書でも Bustamante などいくつかの方法論文を紹介してきました。ここでは方法論文に含むべき重要な要素を手短に紹介しますが，より詳しい内容を知りたい読者は JMMR 誌（Fetters & Freshwater, 2015）を参照してください。JMMR 誌の編集委員会は，2018 年に方法論文に含むべき３つの要素について次のように述べています。

　　１）「要旨」では，論文がどのように方法論の発展に貢献するのかを明示すること。2）「序論・背景」で方法論の目的を明示すること。3）「考察」では研究結果を深く掘り下げた著者の考察を含むこと，また混合研究法文献を十分引用すること。「考察」では「混合研究方法論の発展への貢献（"Contribution to the Mixed Methodology Literature"）」などのヘッダーを使用することで研究で用いられた独特の方法論の特徴に読者の注意を向けることができます。また，この部分では研究結果及び著者の考察がどのように混合研究法分野の既存知識の深化・拡大に貢献するかを強調すべきです。効果的な「考察」を書くには論文内容の応用法，研究の限界及び将来への課題も取り上げるべきです。

　JMMR 誌の編集査読委員会は，研究デザインの略図を使用することの重要性を以前から述べてきました。混合型研究は他のタイプの研究よりも複雑なことが多いため，混合研究法ダイアグラム（図）を使用することで研究の概要をわかりやすく表示できます。JMMR 誌に最近掲載された論文や混合研究法の教科書にダイアグラムの作成方法の例がいくつか紹介されています。効果的な方法論文を執筆するためには，対象読者層をしっかり把握しておくことが重要です。JMMR 誌の読者は多くの学問分野にわたる研究者であり，主に方法論に関心を持っています。研究背景や自らの研究分野にまつわる研究結果の報告に紙面を割く著者をよく目にしますが，JMMR 誌の読者は著者がどのような方法論を用いたのかに最も興味があり，その情報を求めていることに留意してください。

・混合型研究論文の査読対応のコツ

　査読者の指摘に対する対応の仕方はさまざまです。全ての査読者の指摘を一箇所にまとめて全体的な回答を記し，その後，各指摘点に対する回答を記す方法もあれば，査読者の各指摘点一つ一つに対して，本文中でどのように対応したかを説明する方法もあります。査読者によっては，個人的観点から査読文を書く場合もあります（例えば，「私は〜は好ましくないと考える」など）。論文の方法論や主張に対して懐疑的なコメントが戻ってきた場合，むきになって長い弁明を書いてしまう傾向がありますが，査読者の指摘点全てに対して議論すると回答文が非常に長くなってしまいます。長い回答文を読むには時間を要しますし，さらなる意見の不一致を生む可能性があります。

・回答文は簡潔に

　回答文はできるだけ簡潔に書くことを勧めます。なぜある点を初稿に示したか，あるいは，示さなかったかを説明しだすと不必要な文章が増えてしまいます。その代わりに，査読者の指摘を受け止め，本文のどの部分にその修正を加えたかを説明すると良いでしょう。また回答文に具体的にどのように修正したかを含める著者もいます。もし査読者の指摘に反論がある場合，簡潔に根拠を述べます。査読者の助言に従わない場合，読者の視点から根拠を組み立てると説得力を持ちます。例えば，研究に用いられなかった理論についての詳細を査読者に尋ねられた場合には，「本研究に用いられた理論を理解しようとしている読者に，別の理論を長々と説明すると混乱を招く可能性があるため，この理論が存在することを記し，関心のある読者のために参考文献を示すにとどめました」という回答が妥当かもしれません。簡潔に，読者の立場に立った選択であることを主張しましょう。

・査読者の指摘点全てに対応する

　オンライン投稿が盛んな時代にあって，論文の修正版は，通常，初稿を査読した査読者に戻されます。よって，一回目の査読の指摘点にきちんと対応したかどうかがその査読者の修正版に対する考え方に影響を及ぼし，編集長の採択か否かの最終的判断に大きく影響を与える可能性があります。査読者の指摘点を真剣に検討したことを示すためにも，各指摘項目に対する回答を記すことが重要です。また，読者の視点から修正の有無を決断したと示すことで，「査読者」対「著者」という構図の対立を防ぐことができます。

・修正箇所を明確に示す

　編集委員や査読者が加筆・修正箇所に集中できるよう，ハイライト機能を使いましょう。ハイライトすることで，要求された修正点を強調できます。修正箇所がハイライトされていないと，査読者は論文全体を再度念入りに読み直すことになり，不必要に指摘事項が増えるきっかけとなる恐れがあります。修正点をハイライトすることで，査読者の注意を修正箇所に絞ることができます。また，要求されない限り，校閲機能は使わないようにしましょう。削除された箇所とそのまま残された箇所を査読者や編集委員が見極めなければならないからです。ごちゃごちゃした校閲記載があることで，推敲された論文自体に集中することが難しくなってしまいます。校閲機能を使うことで，原稿が長くなり，読みづらく，読むのに時間がかかってしまいます。また，大規模な修正が必要な場合，原稿が二倍近くになってしまうこともあります。もし校閲版原稿を送った場合，それに加えて清書版を提出するよう査読者や編集委員から要求される可能性が高いことを留意しておくべきです。以上の理由から，校閲機能を使った混合型研究論文の原稿を提出するかどうか注意深く検討する必要があります。

混合型研究論文の査読のコツ

　混合研究法の分野はまだ発展途上ですが，混合型研究論文の投稿数は年々増えています。そのため，混合型研究論文を的確に査読できる混合研究法を熟知した研究者が必要とされています。しか

し，自分には査読者となる能力が足りないと感じる研究者が多いため，学術誌の編集委員はしばしば査読者を探すのに苦労します。本書を読み，混合研究法のトレジャーハントをすることで，読者の皆さんが優れた混合型研究を実施するための基礎について多くを学び，混合型研究論文の査読をする自信と能力をつけてくれることを望みます。そこで，最後に，混合型研究論文の査読をする際に参考にしてほしい注意点を挙げておきます。査読者として他の研究者が書いた混合型研究論文を読むことが，あなた自身の論文執筆能力を磨く機会となることも心に留めておいてください。

・ 読者の視点から論文を読む

　著者は読者の理解を進めるために論文を書いていることが前提ですので，査読者は読者の視点から査読意見を述べるようにしましょう。自分が読者の代表であると考えてください。あなたがわかりにくいと感じる点は，おそらくその雑誌の他の読者にもわかりにくいでしょう。私たちが編集長として査読意見やコメントを記す時に，次のような言い方をすることがよくあります。「本誌の読者はこの箇所を理解しづらいと感じるだろう。なぜなら，〜（明確な理由を述べる。例えば，著者の分野特有の略語を使っているため，など）」あるいは，「読者は〜についてより細かい説明を期待するだろう（明確に述べる。例えば，著者が用いた研究法について）」。このように，将来その論文の読者となる人たちの視点で査読意見を書いてください。

・ 混合研究法のトレジャーハントをする

　本書であなたが発見した混合研究法のお宝の数々は，厳密な混合研究法を用いた論文に含まれるべき重要な特徴です。それぞれのお宝については，すでに第 1 章で解説していますので，ここでは省略しますが，混合型研究論文の査読をする際には，これらの特徴を探すことをお勧めします。

・ 修正してほしい点を具体的に示す

　フィードバックを行う際に，査読者は一般的なコメントを残すことがよくありますが，混合研究法に関する問題点を指摘する場合，具体的なコメントが非常に役に立ちます。なぜなら，混合型研究論文の著者が，論文に含むべき混合型研究に独特の情報（混合研究法の「宝」など）を把握していないことが多々あるからです。例えば，一般的なコメントとして，混合研究法を用いる根拠の記載が足りず，より説得力のある根拠を述べる必要があると指摘することがあるかもしれません。しかし，さらに査読者が知っている混合研究法の文献を示すことで，より具体的な意見として参考になるでしょう（文献として本書の第 1 章を挙げることもできるかもしれません！）。もう一つの例としては，例えば「方法論の説明は十分でない」という一般的なコメントをするとします。それに続けて，ある特定の混合研究法デザインを含めるよう勧めたり，データ収集中に用いることができる他の統合手続き（第 1 章を参照）を示すことができます。あるいは，研究法の提示順序が論理的でないと指摘する場合，論文のどの部分に動かせばよいかを示すとよいかもしれません。

・ 追加文献を推薦する

　文献を加えるよう要求する場合，一般的な意見に止めるのではなく，参考になる追加文献を知っているなら，具体的に著者に伝えましょう。自分の専門分野外の論文を査読する場合，その分野の文献を示すことはできないかもしれませんが，方法論に関する文献が不足している場合，著者が知らない研究法に関する特定の文献を提示することが有益な意見となるかもしれません。

むすび

　混合研究法の論文を書いたり，査読意見に対応したり，査読した経験がない，あるいは経験が浅い人には，このような作業はハードルが高いと感じられるかもしれません。しかし，新興分野である混合研究法の世界には，優れた論文や能力のあ

る査読者が必要とされています。日本でも，混合
研究法学会の熱心な学会員が活発に活動してお
り，混合型研究論文の査読者を増やす必要性は日
本でも高まっています。あなたが，本章で解説し
たプロセスを参考に，優れた論文を書いてくれる
こと，また，優れた査読者となってくださること
を望んでいます。

引用文献

Guetterman, T. C., Fetters, M. D., & Creswell, J. W.(2015)
. Integrating quantitative and qualitative results in
health science mixed methods research through
joint displays. *Ann Fam Med, 13*(6), 554-61. doi: 10.
1370/afm. 1865

Fetters, M. D. & Freshwater, D.（2015）. Publishing
a methodological mixed methods research article.
JMMR, 9(3), 203-213.

　裏付け・検証　support/verification：一つのアプローチから得られた推論の信憑性を混合研究法を用いて評価する。探索または説明・確証のための設問が導き出される。

　円形ジョイントディスプレイ　circular joint display：標準的なジョイントディスプレイの要素を含む円形の図を使用して作成されたジョイントディスプレイ。斬新な方法により円を使用することで，質的及び量的データの収集と分析の統合の結果をも示すことができる。

　介入デザイン　interventional design：混合研究法デザインの中では応用型デザインの一つにあたる。主となる量的研究による効果検証の中に質的研究が補足的に"プラス"されている（埋め込まれている）。

　拡張　expansion：先に行った質的あるいは量的工程あるいはアプローチで明らかになった結果を展開あるいは説明すること。

　研究チーム　research team：異なる専門知識及び研究手法を有するメンバーによって構成され，研究を協働的に実施するチームのこと。

　構成概念　constructs：質的及び量的データ間のつながりを表すために使用される考え，属性，抽象化，作業仮説または理論。

　コミュニティを基盤とした参加型研究デザイン　community-based participatory research (CBPR) design：混合研究法デザインの類型の中では，理論的・哲学的な基盤を基礎デザインに織り込んだ「応用型デザイン」の一つと位置づけられる。研究デザインや研究法の一つというより，研究アプローチやパラダイムの一つとしてとらえられている。

　混合型研究　mixed methods research：文脈における現実的な理解，多層的視点，及び文化的影響を探究する研究設問に解を得るための研究アプローチ。「構成概念の範囲と頻度を評価する厳密な量的研究法」と「構成概念の意味を探り理解を深める質的研究法」の両方を用いる（例：介入試験と深層面接）。それぞれの研究アプローチが有する特長を引き出すために，意図的に異なるデータを統合または混合させる。哲学的及び理論的枠組みのもとで調査をまとめる。

　混合研究法デザイン・手続き　mixed methods research design/plan：質的・量的アプローチを統合するために実施するデータ収集と分析の計画のこと。

　混合研究法デザインの妥当性　mixed methods research design validity：量的研究としての基準を満たしていること，質的研究としての基準を満たしていること，および混合研究法に特定の基準も含めて判断する。

　混合研究法の研究設問　mixed methods research question：量的研究の研究仮説（または研究設問）と質的研究の研究設問の両方を架橋する，混合型研究の研究設問のこと。

　混合型研究の手続きダイアグラム　mixed methods procedural diagram：混合型研究のプロセスにおいて，質的・量的データの収集と分析をどのように統合するかを示した図。

　混合研究法のジョイントディスプレイ　mixed methods joint display：メタ推論の導出を容易にするために，質的，量的，及び混合型データを整理するために使用する図表のこと。分析用の他，研究計画や研究結果の報告用にも使用が可能。

混合研究法を用いた理由・根拠　rationale or reason for using mixed methods research：研究を実施する前に確認するべき，混合研究法の使用が妥当である理由や根拠のこと。

収斂デザイン　convergent design：量的研究の工程と質的研究の工程を並行して実施し，それぞれから得られた結果を比較検討することで，混合型研究の解釈（メタ推論）を導き出すデザイン。

事例研究（ケース・スタディ）型デザイン　case study design：混合研究法の「応用型」デザインの一つと位置づけられる。もともと事例研究では多様なデータを集めることから混合研究法との相性が良いと言われており，事例研究法と混合研究法をうまく組み合わせることで，より広範，あるいは，複雑な研究設問に取り組むことができる。

説明的順次デザイン　explanatory sequential design：最初に量的データの収集，分析を行い，その結果について探索的に説明やさらに深い理解を求めて質的データを収集，分析する混合研究法のデザイン。

相補性　complementarity：混合型データを収集し比較することで，調査対象の現象についてより深い理解を得ること。

多段階評価デザイン　multistage design: 複数の方法を用い多面的に検証することで，より包括的な評価を行うことができるデザイン。これにより，対象の事業・プログラムの実施に関して必要な改善などの適切な示唆を得ることができる。

探索的順次デザイン　exploratory sequential design：質的アプローチによって見出された課題に対する洞察を基に，適切な尺度や介入の開発を目指す研究に用いられる。

積上げ　build：一つのタイプのデータ収集中に得られたデータを基に，もう一方のタイプのデータ収集における手続きや検証内容を構築あるいは発展させること。

統合　integration：質的及び量的アプローチとそれぞれのもつ特性を結びつけることで，どちらか一方のアプローチのみによっては得られない，全体的な理解を生み出すこと。

トレジャーハント（宝探し）　treasure hunt：出版されている一連の模範的混合型研究論文を読み，混合研究法の重要ポイント（宝物）を探し当てる，ゲーム感覚で楽しめるアクティビティ。

発展　development：順次的混合型研究では，先行の研究から得られた設問が次の研究段階で検証される。あるいは，先に行った研究から導き出された仮説を次の段階で検証すること（一つの方法がもう一方に役立つ情報を与える）。

複合型デザイン　compound design：一つの多段階研究プロジェクトの中で複数の混合型研究要素を組み合わせた評価研究デザイン。具体的に，説明的順次デザイン，探索的順次デザイン及び収斂デザインや他のデザインが全体的な研究デザインに埋め込まれる場合がある。研究の第一段階ではランダム化比較試験（RCT）や介入が実施され得る。

包括性　comprehensiveness：混合研究法を用いて得られる，ある現象のより意義深い全体像のこと。

補完　saturation：一方のアプローチの短所をもう一方のアプローチの長所で補完するために用いられる。質的及び量的研究法を用いて，互いの短所を補い合うこと。

モデル形成及び検証・確証　model formation/confirmation：質的研究法を用いてモデルを発展させ，量的研究法を用いて検証する。あるいは量的研究法を用いて理論モデルを構築し，質的研究法を用いて妥当性を確認すること。

■ 索　引

人 名 索 引

項 目 索 引

● 数字・アルファベット

● あ行

執筆者一覧

マイク・フェターズ（ミシガン大学メディカルスクール家庭医療学科）　第1章　第8章　第9章　第10章　＝編者

抱井尚子（青山学院大学国際政治経済学部）　第2章　第6章　第10章　＝編者

河村洋子（産業医科大学産業保健学部）　第3章　第7章

稲葉光行（立命館大学政策科学部）　第4章

井上真智子（浜松医科大学地域家庭医療学講座）　第5章

尾島俊之（浜松医科大学健康社会医学講座）　第7章

本原理子（ミシガン大学メディカルスクール家庭医療学科）　第8章　第9章

榊原　麗（ミシガン大学メディカルスクール家庭医療学科）　第8章　第9章

エレン・ルビンスタイン（ノースダコタ州立大学人類学部）　第8章　第9章

編者略歴

マイク・フェターズ（Michael D. Fetters）
　ミシガン大学メディカルスクール家庭医療学科教授。
　オハイオ州立大学メディカルスクール修了。医学博士。
　ノースカロライナ大学チャペルヒル校公衆衛生大学院 修士課程修了。修士（臨床疫学）。ミシガン州立大学 Interdisciplinary Program in Health and Humanities 大学院修士課程修了。修士（人類学及び医療倫理学）。米国家庭医療専門医。ミシガン大学混合研究法プログラム共同創設者兼ディレクター（2015-現在）。ミシガン大学日本家庭健康プログラムディレクター（1994-現在）。混合研究法国際学術誌 *Journal of Mixed Methods Research*（SAGE 発行）共同編集長（2015-現在）。日本混合研究法学会特任理事（2015-現在）。
　主な著書に『*The Mixed Methods Research Workbook: Activities for Designing, Conducting and Publishing Projects*』（単著，2020，SAGE）。

抱井尚子（かかい ひさこ）
　青山学院大学国際政治経済学部国際コミュニケーション学科教授。
　ハワイ大学大学院教育研究科 博士後期課程修了。博士（教育心理学）。
　混合研究法国際学術誌 *Journal of Mixed Methods Research*（SAGE 発行）常任編集査読委員（2007 年-現在），*International Journal of Social Research Methodology*（Routledge 発行）常任編集査読委員（2008-2013），日本混合研究法学会理事長（2015-現在）。
　主な著書に『混合研究法入門―質と量による統合のアート』（単著，2015，医学書院），『コミュニケーション研究法』（共編著，2011，ナカニシヤ出版），翻訳に『グラウンデッド・セオリーの構築―社会構成主義からの挑戦』（共監訳，2008，ナカニシヤ出版）など。

日本混合研究法学会　事務局
　一般社団法人　学会支援機構
　〒112-0012　東京都文京区大塚 5-3-13　小石川アーバン 4F
　Tel: 03-5981-6011　Fax: 03-5981-6012　　ホームページ　http://www.jsmmr.org/

混合研究法の手引き
トレジャーハントで学ぶ研究デザインから論文の書き方まで

2021 年 4 月 20 日　初版発行

編　者　マイク・フェターズ，抱井尚子
発行人　山内俊介
発行所　遠見書房

〒181-0002　東京都三鷹市牟礼 6-24-12
　　　　　　三鷹ナショナルコート 004
　　　　　　　　　　（株）遠見書房
Tel 0422-26-6711　Fax 050-3488-3894
https://tomishobo.com　tomi@tomishobo.com
遠見書房の書店　https://tomishobo.stores.jp/

遠見書房

混合研究法への誘い
質的・量的研究を統合する新しい実践研究アプローチ
日本混合研究法学会監修／抱井尚子・成田慶一編
混合研究法の哲学的・歴史的背景から，定義，デザイン，研究実践における具体的なノウハウまでがこの一冊でよく分かる。知識の本質を問う新しい科学的アプローチへの招待。2,400 円，B5 並

患者と医療者の退院支援実践ノート
生き様を大切にするためにチームがすること・できること
（退院支援研究会・医師）本間　毅著
入院患者が自宅に戻るときに行われる医療，介護，福祉などを駆使したサポートである退院支援。本書はその実際を熱く刺激的に描く。2,400 円，四六並

ひきこもりの理解と支援
孤立する個人・家族をいかにサポートするか
高塚雄介編
医療機関，民間の支援機関，家族会等でひきこもり支援に関わってきた執筆者らが，ひきこもりとその支援を考えたものである。支援者がぶつかる壁を乗り越えるための一冊。2,600 円，A5 並

フクシマの医療人類学
原発事故・支援のフィールドワーク
辻内琢也・増田和高編著
福島第一原子力発電所の事故によって，避難と転居を余儀なくされた人々。本書は，彼らへの支援とフィールドワークを続ける医師で医療人類学者 辻内琢也らによる記録。2,600 円，四六並

ナラティヴ・セラピー
社会構成主義の実践
マクナミー＆ガーゲン編／野口裕二・野村直樹訳
新しい心理療法の時代は，家族療法の分野で始まった。待望の声がありながら版が止まっていたものを一部訳文の再検討をし復刊。今なお色あせない，一番新しい心理療法の原典。2,400 円，四六並

ナラティヴがキーワードの臨床・支援者向け雑誌。第 12 号：メディカル・ヒューマニティとナラティブ・メディスン（斎藤・岸本編）年 1 刊行，1,800 円

質的研究法 M-GTA 叢書 1
精神・発達・視覚障害者の就労スキルをどう開発するか——就労移行支援施設（精神・発達）および職場（視覚）での支援を探る
（筑波技術大学）竹下　浩著
就労での障害者と支援員の相互作用をM-GTA（修正版グランデッドセオリーアプローチ）で読み解く。2,200 円，A5 並

教員のための研究のすすめ方ガイドブック
「研究って何？」から学会発表・論文執筆・学位取得まで
瀧澤聡・酒井均・柘植雅義編著
実践を深めたい，授業研究を広めたい。そんな教育関係者のために作られたのがこのガイド。小規模研究会での発表から学会での発表，論文執筆，学位取得までをコンパクトに紹介。1,400 円，A5 並

ひきこもり、自由に生きる
社会的成熟を育む仲間作りと支援
（和歌山大学名誉教授）宮西照夫著
40 年にわたってひきこもり回復支援に従事してきた精神科医が，その社会背景や病理，タイプを整理し，支援の実際を豊富な事例とともに語った実用的・実践的援助論。2,200 円，四六並

荒野の精神医学
福島原発事故と日本的ナルシシズム
（ほりメンタルクリニック）堀　有伸著
東日本震災後 2012 年に福島県南相馬市へ移住した精神科医である著者が見たのは，原発事故に打ちのめされる地域と疲弊した人々だった。荒野から新しい知が生まれる。2,600 円，四六並

ナラティブ・メディスン入門
小森　康永著
本書は，シャロンの『ナラティブ・メディスン』をひもとき，精密読解，パラレルチャート，アウトサイダー・ウィットネスなどの方法論を具体例を交えて分かりやすく解説。日本における著者らの刺激的な試みも紹介した。2,500 円，四六並

公認心理師基礎用語集　増補改訂版
よくわかる国試対策キーワード
松本真理子・永田雅子編
試験範囲であるブループリントに準拠したキーワードを 122 に厳選。多くの研究者・実践家が執筆。名古屋大教授の 2 人が編んだ必携，必読の国試対策用語集です。2,000 円，四六並

〈フィールドワーク〉
小児がん病棟の子どもたち
医療人類学とナラティヴの視点から
（山梨英和大学教授）田代　順著
小児がん病棟の患児らを中心に，語りと行動を記録したフィールドワーク。ナラティヴ論と，グリーフワークの章を加えた増補版。2,200 円，四六並

精神看護のナラティヴとその思想
臨床での語りをどう受け止め，実践と研究にどうつなげるのか
（帝京大学医療技術学部教授）松澤和正著
さまざまな感情に押しつぶされそうになりながらも患者と向き合う。そんな世界を歩み続けてきた著者の精神看護をめぐる 1 冊。2,200 円，四六並

中釜洋子選集　家族支援の一歩
システミックアプローチと統合的心理療法
（元東京大学教授）中釜洋子著
田附あえか・大塚斉・大町知久・大西真美編集　2012 年に急逝した心理療法家・中釜洋子。膨大な業績の中から家族支援分野の選りすぐりの論文とケースの逐語を集めた。2,800 円，A5 並

医療におけるナラティブとエビデンス
対立から調和へ［改訂版］
斎藤清二著
ナラティブ・ベイスト・メディスンとエビデンス・ベイスト・メディスンを実際にどう両立させるのか。次の時代の臨床のために両者を統合した新しい臨床能力を具体的に提案する。2,400 円，四六並

関係性の医療学
ナラティブ・ベイスト・メディスン論考
斎藤清二著
NBM の概念や理論，医療コミュニケーション，医療者・患者関係，医療面接，プロフェッショナリズム教育などについて具体的に論考と実践が描かれた価値ある 1 冊。3,400 円，A5 並

公認心理師の基礎と実践　全 23 巻
野島一彦・繁桝算男 監修
公認心理師養成カリキュラム 23 単位のコンセプトを醸成したテキスト・シリーズ。本邦心理学界の最高の研究者・実践家が執筆。①公認心理師の職責〜㉓関係行政論 まで心理職に必須の知識が身に着く。各 2,000 円〜2,800 円，A5 並

新刊案内のメールマガジン配信中です。mailmagazine@tomishobo.com まで空メールをお送りください

遠見書房　〒 181-0002 東京都三鷹市牟礼 6-24-12　三鷹ナショナルコート 004　tomi@tomishobo.com　https://tomishobo.com
tel 0422-26-6711/fax 050-3488-3894　* 遠見書房の書店　https://tomishobo.stores.jp/

価格は税別です